JURISPRUDENCE
OBSERVÉE EN PROVENCE
SUR LES
MATIÈRES FÉODALES,
ET LES
DROITS SEIGNEURIAUX,
DIVISE'E EN DEUX PARTIES.

PREMIERE PARTIE.

A AVIGNON,
Chez la VEUVE GIRARD, Imprimeur-Libraire
Place St. Didier.

M. DCC. LVI.

PRÉFACE.

LE titre de cet Ouvrage annonce assés son utilité, du-moins pour la Provence ; où l'on ne peut faire usage des différens traités qui ont paru, sur les fiefs & les droits Seigneuriaux, que par rapport à certains principes généraux, admis également dans toutes les Provinces du Royaume. Mais à l'exception de ces mêmes principes, tout le reste est purement local ; & je me suis apperçu que les Auteurs même qui ne se sont pas bornés à traiter cette matière, qui forme sans contredit une des plus intéressantes Parties de la Jurisprudence, rélativement aux usages des Païs où ils écrivoient, ont absolument négligé ceux qui sont observés en Provence.

On les trouve répandus, parmi un nombre infini de décisions sur d'autres matières, dans les Œuvres de Mrs. de Clappiers, de St. Jean, Duperier, De Cormis ; dans les recueïls d'Arrêts donnés au public par Mrs. le Président de Bezieux, Boniface & Bonnet ; & le Livre où l'on devroit naturellement s'attendre à les voir réunis, n'en donne qu'une idée très-imparfaite, & souvent fausse. C'est le traité de Pastour, intitulé *Tractatus Juris Feudalis.*

Il manquoit à cet Auteur, qui avoit sans contredit beaucoup d'érudition, l'expérience du Barreau. C'étoit un excellent Professeur du droit ; mais c'est dans l'exercice de la profession d'Avocat, que l'on peut acquerir la connoissance des usages, & des principes concernant la matière qu'il entreprit de traiter. S'il eût connu ces usages, il n'auroit eu garde de soutenir, par exemple, sur la foi d'une constitution de l'Empereur Frederic, que dans le cas, où le contrat d'acquisition n'a pas été notifié au Seigneur par le Vaſſal ou Emphitéote, le retrait féodal ou emphitéotique eſt preſcrit après dix ans. Idée qu'il croit ſi juſte, qu'il y revient juſques à trois fois dans le même chapitre. Il ſemble qu'il avoit un gout décidé pour cette preſcription de dix ans, que nous n'avons jamais connue en matière de droits Seigneuriaux. Il veut qu'elle ait lieu à l'égard de la Taille, aux quatre cas, appellés communément, les cas impériaux. Il l'admet auſſi par rapport au droit de Bannalité actif & paſſif; c'eſt-à-dire, qu'il décide que le Seigneur peut l'acquerir ſans titre par une poſſeſſion de dix ans, qui aura eu pour principe la prohibition d'aller à d'autres fours & moulins, & les Habitans s'affranchir de l'obligation par une pareille poſſeſſion de dix ans. Ce qu'il y a ſurtout d'étonnant eſt, qu'il fonde cette propoſition ſur les Loix qui admettent la preſcription de cet eſpace de tems pour les ſervitudes continuës; & il oublie que toute ſervitude qui exige le fait de l'homme, eſt diſcontinue ; & nul doute que la Bannalité ne ſoit de ce nombre.

Mon objet n'étant pas de donner un traité complet, mais ſeulement de retracer nos maximes & nos uſages, la Méthode de les rédiger par régles, ou articles, & d'y ajouter en forme de nottes, les preuves, & quelques obſervations m'a paru préférable à toutes les autres ; & j'ai eu la ſatisfaction de la voir approuver par des perſonnes, dont je dois reſpecter infiniment les avis.

Peut-être ſera-t-on ſurpris de trouver quelques déciſions, dont je donne pour garant la Juriſprudence des autres Parlemens, ou le ſentiment des Auteurs étrangers. Mais elles portent ſur des cas que j'ai vû ſouvent ſe préſenter, & elles ſont conformes à celles que j'ai trouvées dans des conſultations des plus célébres Avocats au Parlement de Provence.

J'ai diviſé l'Ouvrage en deux Parties ; dans la première, ſont compris tous les Droits Seigneuriaux qui ſont une dépendance de la Justice ; & dans la seconde ceux qui dérivent du Fief & de la Directe.

Il y a certains Droits Seigneuriaux qui tiennent également à la Justice, & au Fief, ou à la Directe ; par exemple, la chasse est un droit de justice & de féodalité. La Justice donne des droits utiles à exercer dans les Bois, Pâturages, Terres gastes ou incultes, mais seule elle n'en donne pas la proprieté. En Provence la Bannalité n'est pas une dépendance du Fief, ou de la Justice, mais le Seigneur justicier a seul le droit de l'acquerir par la possession qui a eu pour principe la prohibition de porter les Grains, Pâtes, & Olives, ailleurs qu'à ses Moulins, Fours & Pressoirs. A l'égard de ces droits, j'ai crû pouvoir les placer indifféremment dans l'une ou l'autre classe.

J'ai terminé le titre concernant les Droits honorifiques, par un Arrêt notable & rendu récemment par le Parlement de Toulouse. En donnant une idée de la Jurisprudence de ce même Parlement, il peut en même tems fournir un préjugé sur certains droits, à l'égard desquels je n'en ai trouvé aucun dans la Jurisprudence du Parlement d'Aix.

L'on trouvera aussi des titres particuliers à la Provence, & qui peuvent être inconnus à ceux qui auroient à en faire usage. Tels sont, par exemple, plusieurs Jugemens des Commissaires du Domaine, pour les Régales, un Arrêt du Conseil concernant l'évaluation des Monnoyes, une Déclaration du Roi sur les Lods, un Arrêt du Conseil pour les investitures des fiefs qui relévent du Roi.

Enfin je n'ai rien oublié pour mériter les suffrages des Lecteurs éclairés qui exigent qu'en, traittant une matière, qui, comme celle-ci, intéresse deux Partis opposés, on ne perde pas de vuë une certaine neutralité. Je compte pour rien deux sortes d'approbation, & de censure; celle d'un Vassal inquiet qui regarde tous les Droits Seigneuriaux, comme autant d'usurpations ; & celle d'un Seigneur casanier qui consume tristement son loisir à chercher dans de vieux parchemins dequoi nourrir son orgüeil, & rendre ses Vassaux tributaires de ses besoins.

DIVISION DE L'OUVRAGE.

Première Partie.

Seconde Partie.

TITRE I.

DE LA JUSTICE.

I.

LA concession de la Justice doit être expresse dans une inféodation ; & s'il y est fait mention seulement de la Justice, on ne peut, en vertu de pareil transport, réclamer que la moyenne & basse.

Deux anciens Arrêts du Parlement de Paris, dont Bacquet fait mention dans son Traité des droits de Justice, & qui ont été déposés dans des Mémoires conservés dans les Archives de la Chambre des Comptes d'Aix, fixerent cette maxime, que dans la concession de toute Justice, *cujuscumque Jurisdictionis*, la haute Justice n'est jamais comprise, si elle n'est expressément énoncée. Ces Arrêts ont été constamment pris pour régle dans les differens Jugemens rendus par les Commissaires du Domaine.

Quant à la Justice moyenne & basse, l'on ne supplée pas non plus la concession. Ainsi jugé en faveur du Marquis de Simiane contre le Sieur Brun possesseur de l'arriere-fief de la Valère dans le terroir de Rians par Arrêt rendu en 1749 conformément aux conclusions que je portai pour Mr. le Procureur Général.

Il n'étoit pas fait mention de la Justice dans l'acte

d'érection de cet arrière-fief ; il y étoit seulement énoncé que le possesseur joüiroit de tous les droits attribués aux arrière-fiefs ; il fut jugé que cela ne suffisoit pas, & que les fiefs pouvant exister sans aucune portion de Justice, il eût fallu que le Seigneur en érigeant l'arrière-fief eût annexé expressément, comme on le pratique ordinairement à l'ègard des arrière-fiefs, la moyenne & basse Justice.

II.

S'il s'agit, non d'une inféodation, mais d'un transport fait par le Souverain d'un fief formé, à titre de vente, donation, échange ou autres semblables, la Justice, & même la haute, est censée avoir été transportée, lorsque le Souverain a déclaré céder, sans aucune réserve, tous les droits dont il joüissoit dans le même fief.

Ainsi jugé par Mr. le Bret Intendant en Provence & Commissaire du Domaine le 12 de Décembre 1688 en faveur du Seigneur de Mont-Fort. Autre jugement rendu par Mr. de la Tour Intendant le 25 de Juin 1742 en faveur de la Dame du Bar.

III.

Dans l'acte d'érection d'un arrière-fief, le Seigneur haut justicier ne peut pas se réserver le droit de ressort, ou d'appel à sa Justice.

Ainsi jugé en 1714 contre le Sieur de Cugis pour l'arrière-fief de la Tourrelle. Le même Arrêt jugea, que cette réserve, qui devoit être rejettée, ne rendoit pas nulle l'érection.

I V.

La haute Justice est communément designée dans les inféodations faites par les anciens Comtes de Provence, par ces expressions, *Merum imperium quod delinquentibus mortem, seu mutilationem membrorum & quamcumque pœnam sanguinis irrogat*

V.

La possession immémoriale constatée par des actes, tels qu'institutions d'Officiers, procédures, aveux, dénombrémens, suffisent pour la maintenuë dans l'exercice de la Justice, même de la haute, pourvû que le titre primordial ne paroisse pas.

C'est avec cette restriction qu'il faut adopter le sentiment de Bacquet qui dans son traité, *des droits de Justice ch. 5. n. 3.* dit, que l'on peut acquerir par la prescription même contre le Roi tout droit de Justice. Le titre paroissant & justifiant que la Justice n'avoit pas été transportée, la prescription ne peut pas être admise. Arrêt du Parlement de Toulouse du 30. de Janvier 1684 rapporté par Chorrier dans sa Jurisprudence de Gui-Pape, & qui jugea, que l'Evêque de Beziers n'avoit pû acquerir, par une possession de 30. ans, la Justice.

V I.

Les causes & crimes dont la connoissance est attribuée à la haute Justice sont, les Meurtres, Assassinats, Aggressions, Voleries, Blessures avec effusion de Sang, Adultères; Rapts, Incestes, Faussetés, Violences publiques & privées, Assemblées faites avec port d'Armes, Séditions, Monopoles, Sacriléges, Péculats, Vénéfices, Sorcélerie, Magie, Larcin domestique & nocturne, ou fait avec fraction, & autres qualifiés, & tous crimes publics & autres, pour la punition desquels, par disposition de droit, d'Ordonnance ou de coutume, il y a peine de mort naturelle ou civile, Mutilation, ou Abcision de membre, ou Amende Honorable, Foüet, Galères, Bannissement & toute autre peine corporelle avec manifeste & apparence d'infamie. Le haut justicier connoit aussi, à l'exclusion du moyen & bas, des causes concernant l'état des personnes.

Ce détail est copié d'aprés un fameux Arrêt de Réglement rendu le 27. de Mai 1611, entre Madame la Duchesse de Mercœur & l'Abbé de Mont-Majour, & rapporté par Bomi dans ses Mêlanges pag. 60. ch. 6. Il en faut rétrancher tous les crimes qui ont été déclarés cas royaux, dont la connoissance a été réservée aux Baillifs & Sénéchaux.

VII.

Le moyen justicier connoit des autres crimes qui ne se vengent par ces peines, & de toutes les autres matières & actions civiles, réelles, personnelles & mixtes.

Même Arrêt du 27. de Mai 1611.

VIII.

Le bas justicier connoit des causes civiles jusques à 60 s. & des criminelles legères jusques à 6 s. d'amende.

Geraud trait. des droits Seigneuriaux liv. 3. chap. 1. n. 5.

IX.

Le haut justicier est fondé par le droit commun en la possession de la moyenne & basse, & le moyen justicier en la possession de la basse.

Mr. de Boissieu trait. de l'usage des fiefs. ch. 57.

X.

Le Seigneur haut justicier a seul le droit d'avoir des Fourches patibulaires, & l'on n'a pas adopté en Provence la disposition des coutumes qui réglent le nombre des Piliers suivant la qualité de simple Chatelain, de Baron & de Comte.

XI.

Soit qu'on n'ait pas usé de ce droit, soit qu'on veüille rétablir les Fourches tombées, on le peut sans rapporter des lettres de la Chancellerie qui en accordent la permission.

Bacquet trait. des droits de Justice ch. 9. établit la nécessité de cette permission, mais cette formalité n'est point observée en Provence, non plus qu'en Dauphiné.

XII.

Le moyen justicier a le droit d'avoir un Pilori ou Carcan. Il peut bâtir Château, Tours, Murs avec Crénaux, s'il est possesseur d'un fief. Le propriétaire d'un arriere-fief ne peut donner le nom de Château à sa Maison, ni prendre la qualité de Seigneur, qu'autant que ce droit lui a été transporté par l'acte d'érection.

Arrêt du 27. Janvier 1639., rapporté par Boniface tom. 1. liv. 3. tit. 2. ch. 8.

XIII.

Les Vassaux & possedans biens ne peuvent avoir des Crénaux & Meurtrières aux Murs de leurs Maisons.

Arrêt du 16. de Mai 1665. entre le Seigneur & la Communauté de Puiloubier, rapporté par Boniface tom. 1. livr. 3. tit. 3. chap. 3.

Voyez le Recueïl des Actes de Notorieté donnés par Mrs. les Avocats & Procureurs Généraux au Parlement de Provence, n. CXXVIII.

De-Cormis tom. 1. col. 904.

TITRE II.

TITRE II.

DE L'ADMINISTRATION DE la Justice.

I.

LES Seigneurs ne peuvent pas exercer eux-mêmes les fonctions de Juge dans l'étenduë de leur Justice. Ils doivent y établir des Officiers qui l'administrent en leur nom.

L'Edit donné en 1366. par la Reine Jeanne Comtesse de Provence & imprimé dans le recueïl des Statuts de Provence, prouve qu'anciennement les Seigneurs administroient eux mêmes la Justice.

Arrêt du 22. de Mai 1643. qui casse un Decret par lequel le Comte de Grignan avoit ordonné, que sans s'arrêter à une récusation proposée contre le Juge de Grignan, il seroit procédé devant lui: le même Arrêt fit des défenses à tous les Seigneurs d'exercer la fonction de Juge dans leurs Terres.

II.

Le Roi ne peut pas établir dans les Terres des Seigneurs des Officiers pour connoître des cas Royaux.

L'Oiseau trait. des offices. chap. 1. n. 54. & 55. Peleus quest. fol. liv. 3. ch. 4. Chopin trait. du Domaine liv. 3. tit. *de tabellione*.

III.

Le droit d'instituer les Officiers de Justice est un des fruits de la Jurisdiction. Il appartient à l'usufruitier exclusivement au proprietaire, au nom de qui cependant les provisions doivent être expédiées ; au mari dans les terres dotales de sa femme ; à l'héritier par inventaire ; au Tuteur dans les terres de son Pupille ; à l'acheteur avec pacte de rachat, & celui dont la terre est saisie d'autorité de Justice n'est pas privé de ce droit.

L'Oiseau traité des Offices. liv. 5. ch. 2.

IV.

En se départant du droit de nommer des Officiers de Justice, on n'est pas censé avoir renoncé aux autres droits & avantages qui sont une dépendance de la Jurisdiction.

Arrêt du 10. de Juin 1688. cité ci-dessous tit. *des Biens nobles.* n. III.

V.

Il ne doit y avoir qu'un Juge, un Lieutenant de Juge, un Greffier & un Procureur jurisdictionnel.

Arrêt du 4. d'Octobre 1621. qui jugea, que l'Archevêque d'Arles Seigneur de Salon n'avoit pas pu établir deux Juges, l'un pour le Civil & l'autre pour le Criminel.

Arrêt du 21. de Janvier 1645, qui jugea que le Seigneur de St. Paul n'avoit pas pu nommer un Sous-Lieutenant de Juge.

Réglement général de 1678. tit. des *Instances criminelles* n. 10.

VI.

Le Lieutenant de Juge, le Greffier, le Procureur jurisdictionnel, sont obligés de résider dans le District de la Justice ; & le Juge doit s'y rendre toutes les fois qu'il est nécessaire, sans pouvoir exiger des frais de voyages.

Arrêt du 4. de Décembre 1651, rapporté par Boniface tom. 1. liv. 1. tit. 4. n. 4, qui jugea que la Justice devoit être renduë sur les lieux.

Arrêt de Réglement du 21. d'Octobre 1680.

Arrêt rendu par des Commissaires délégués le 11. d'Avril 1711, entre le Seigneur & la Communauté de Rougiers. „ Ordonnons que ledit de Valbelle établira, si „ fait n'a été, un Lieutenant de Juge, un Greffier, un „ Procureur jurisdictionnel & un Sergent, suffisans & „ capables; Originaires dudit lieu, ou étrangers à son choix, „ qui seront néanmoins tenus d'y résider ; & un Juge qui „ se rendra audit lieu, quand le cas le requerra ; à la „ charge toutefois de ne prendre par ledit Juge de plus „ grands Droits que s'il résidoit dans ledit lieu. „

VII.

L'on ne peut distraire la Jurisdiction du Seigneur sur ce fondement qu'il est lui-même suspect, soit par rapport à des Procès, soit pour toute autre raison.

Arrêts rapportés par Mourgues sur les Statuts pag. 42 & par Boniface tom. 1. liv. 1. tit. 4. n. 12. & 13.

VIII.

Les Officiers du Seigneur ne sont pas suspects dans les Causes de ses Fermiers.

Arrêt du 14. de Juin 1659, rapporté par Boniface tom. 1. liv. 1. tit. 4. n. 8.

IX.

Quoique l'exercice de la Justice soit divisé entre plusieurs Cosseigneurs, leurs Officiers sont tous également suspects pour connoitre des Causes des uns & des autres.

Arrêt rapporté par Boniface tom. 1. liv. 1. tit. 4. n. 9. Quoique l'exercice de la Justice soit divisé, c'est toujours un seul & même Tribunal.

Dans la plûpart des Fiefs, où il y a des Cosseigneurs justiciers, l'exercice est divisé par mois, jours & heures. Il y en a d'autres où le partage est fait par années ; mais il y a une autre espèce de division qui est singulière, & sujette à bien des inconvéniens. Chaque Cosseigneur a ses hommes, ou justiciables affectés. C'est par l'habitation ou foyer que cette qualité est réglée. Aujourd'hui l'on est justiciable d'un Cosseigneur, demain en changeant de domicile on le devient d'un autre.

Dans certains Fiefs, le Cosseigneur suit toujours ses Justiciables, malgré le changement de demeure, tant qu'ils restent dans l'étenduë du Fief. Par exemple, dans le Village de Thoard, Viguérie de Digne, la Justice est divisée en quatre portions qui peuvent être subdivisées par vente, partage ou autrement. Il y a de-plus la Jurisdiction commune qui appartient à ces Cosseigneurs en commun, & ne peut être exercée que sur ceux qui vont habiter à Thoard.

Jamais l'homme & justiciable de l'un des Cosseigneurs, ne devient celui de l'autre.

X.

Lorsque le Juge ou autre Officier de Justice est suspect, il faut s'addresser au Seigneur pour obtenir la subrogation ; & le Juge ne peut, sous quelque prétexte que ce soit, faire lui-même la subrogation des autres Officiers, ni le Greffier établir un Commis.

Arrêts rapportés par Boniface tom. 1. liv. 1. tit. 4. n. 5, qui jugérent que le plus ancien Gradué ne peut remplir le Tribunal.

Arrêts du 15. d'Avril 1619, du 14. d'Avril 1657, du 18. de Juin 1675, du 4. Février 1679. Autre Arrêt du 27. de Mars 1683., qui cassa une Procédure du Juge de la Cadière, lequel avoit subrogé un Greffier, en prenant néanmoins la précaution de déclarer que cette subrogation n'avoit été faite que par une absoluë nécessité.

Semblables Arrêts du 4. de Septembre 1696, & du 28. de Janvier 1697.

XI.

La subrogation doit être enregistrée au Greffe de la Jurisdiction, & l'Officier subrogé doit prêter le serment devant le Lieutenant de Sénéchal du Ressort, ou au Parlement ; le Lieutenant de Juge, Procureur jurisdictionnel & Greffier devant le Juge.

Article 10. Du Réglement général de 1678 ; mais suivant un Arrêt du 13. de Juin 1679, le Juge subrogé pour l'instruction d'un Procès criminel, peut prêter le serment devant le Lieutenant de Juge du lieu où le crime a été commis, la crainte des inconvéniens auxquels le rétardement pourroit donner lieu sur le motif de cette disposition.

Un Arrêt du 23. de Juin 1729, a accordé le choix de prêter le serment, ou devant le Lieutenant du ressort, ou au Parlement.

XII.

La commission des Officiers ordinaires ou en titre, doit aussi être enrégistrée au Greffe de la Jurisdiction.

Arrêt de Réglement du 10. de Novembre 1708.

XIII.

Il est défendu aux Seigneurs de donner des commissions ou lettres de subrogation générale; ils ne peuvent subroger que lorsque les Officiers ordinaires abstiennent, ou sont suspects.

Arrêt du 26. de Février 1619.

Autre du 13. de Février 1672, rapporté dans le Journal du Palais.

Autre du 24. de Novembre 1673.

XIV.

Le Fermier-Général de la terre ne peut pas subroger; il faut un pouvoir spécial.

Arrêt du 13. Mars 1674, rapporté par Boniface tom. 5. liv. 3. tit 6. chap. 2.

XV.

Le Seigneur ne peut pas nommer pour Officiers de Justice ses Parens, ni son Fermier, Juge ou Procureur jurisdictionnel; & les Officiers, sans excepter le Greffier, ne doivent pas être Parens entre eux, ni Parens des Fermiers.

Arrêt du 22. de Mars 1642.
Arrêt du 23. de Novembre 1656.
Arrêt du 23. de Février 1663.
Arrêt du 9. de Février 1693.
Arrêt du 8. de Mars 1695.
Autre Arrêt rapporté par Boniface tom. 4. liv. 1. tit. 1. ch. 16.

XVI.

Les Ecclésiastiques ne peuvent pas être Juges dans les terres des Seigneurs, non plus que les Juges royaux.

Arrêt du 22. de Mars 1643, qui ordonne à un Chanoine de l'Eglise Collégiale de Grignan de rendre ses Lettres de Juge d'Appeau.

Arrêt du 27. d'Octobre 1662, au sujet des Juges royaux. Mourgues sur les Statuts pag. 16.

XVII.

S'il n'y a personne dans le district de la Jurisdiction qui puisse exercer les fonctions de Greffier, le Seigneur est obligé d'en nommer un du lieu plus prochain.

Arrêts du 18. de Janvier 1645, & 17. d'Août 1665.

XVIII.

L'Auditoire ou Tribunal de Justice doit être situé hors du Château & son enclos.

Arrêt du 4. de Mars 1646, & 2. de Juin 1673. Réglement général de 1678. tit. *des Instances criminelles* art. 11. Arrêt rendu le 11. d'Avril 1711, par des Commissaires délégués entre le Seigneur & la Communauté de Rougiers. „ Ordonnons que ledit de Valbelle donnera un Au„ ditoire convenable pour l'exercice de la Justice, autre „ que la Maison seigneuriale par lui habitée.

XIX.

Les prisons doivent être sûres, & disposées en-sorte que la santé des Prisonniers ne puisse en souffrir des incommodités, & elles ne doivent pas être plus basses que le rés de chaussée.

Ordonnance d'Orleans art. 55. Ordonnance de 1670. tit. 13. art. 1.

XX.

Les Seigneurs doivent donner une attention particulière à la punition des crimes, & s'ils favorisent l'impunité, ou l'évasion des Prisonniers, le Fief est confisqué au profit du Roi.

Arrêt du 5. de Mai 1581, qui enjoint au Seigneur de Varages, de faire les poursuites sur un crime d'incendie sous peine de privation du Fief.

Le Fief de La M. a été confisqué en dernier lieu au

profit du Roi ; le Seigneur ayant été convaincu d'avoir fait évader des prisons moyennant une certaine somme, un de ses Vassaux, coupable de plusieurs crimes de viol.

XXI.

Le Lieutenant de Juge, quoique gradué, ne peut pas remplir la place du Juge recusé ; à moins que le Seigneur ne l'ait subrogé pour en faire les fonctions.

Arrêt du 17. de Novembre 1699.

XXII.

Il ne peut, en cette qualité de Lieutenant de Juge, procéder au recolement & confrontation des Témoins dans les Procédures criminelles. Mais seulement informer, décreter & interroger.

Arrêts du 13. de Mars 1604, 16. de Février 1619, 21. d'Août 1694.

XXIII.

Le Juge a seul le Droit de juger les Causes appointées, & le Lieutenant de Juge ne le peut pas même avec l'assistance des Gradués.

Arrêt du 26. de Juin 1710.

XXIV.

Dans les Procédures criminelles les poursuites sont faites au nom du Procureur jurisdictionnel. Mais si l'Accuse appelle de la Sentence, le Seigneur a la liberté de prendre le Fait & Cause du Procureur jurisdictionnel. En ce cas il est Partie civile, & obtient les dépens, si l'Accusé succombe : lorsqu'il ne veut pas défendre sur l'Appel, il est seulement obligé de faire conduire à ses dépens le Prisonnier, & de remettre au Greffe du Parlement tous les Actes & Pièces du Procès.

L'Oiseau trait. *des Seigneuries* ch. 12. n. 75. Chopin. cout. d'Anjou liv. 1. art. 74. n. 6. Coquille dans ses réponses ch. 6.

XXV.

En première instance, on ne doit pas adjuger des dépens, lorsque le Procureur jurisdictionnel est la seule Partie.

Arrêts du 23. de Février 1670, & 22. de Novembre 1681.

XXVI.

Lorsque le Procureur jurisdictionnel a à se défendre sur une intimation, ou lorsqu'il revendique la Jurisdiction, le Seigneur doit prendre son Fait & Cause.

Arrêt de Réglement du 7. de Février 1735.

XXVII.

Le Seigneur ne peut pas nommer pour Procureur jurisdictionnel, son Fermier.

Arrêt du 14. de Mars 1665, rapporté par Boniface tom. 1. liv. 1. tit. 4. n. 22.

XXVIII.

Le Procureur jurisdictionnel ne peut pas exercer en même tems les fonctions de Sergent, ni celles de Concierge.

Arrêt de 6. de Septembre 1667.

XXIX.

L'on ne peut pas évoquer à un autre Parlement, du Chef du Seigneur prenant le Fait & Cause de son Procureur jurisdictionnel.

Arrêt du 3. de Février 1657, rapporté par Boniface tom. 1. liv. 1. tit. 35. n. 2.

XXX.

Le Concierge qui poursuit son remboursement pour le pain fourni dans les Prisons royaux, & pour le Droit de Geole, n'a action que contre le Seigneur lui-même & non pas contre le Procureur jurisdictionnel.

Arrêt du 14. de Mai 1676.

XXXI.

L'amende prononcée par le premier Juge en faveur du Procureur jurisdictionnel, est partagée entre le Roi & le Seigneur, lorsque l'Accusé succombe en Cause d'Appel.

Lettres patentes de François I. pour la Provence du 24. de Février 1539. Un de nos Statuts adjugeoit la moitié de l'amende à la Cour des premières appellations, & l'autre moitié aux Officiers dont la Sentence étoit attaquée.

XXXII.

S'il n'y a point eu d'Appel de la Sentence renduë par les Officiers du Seigneur, & que l'éxécution en soit ordonnée par forme de *visa*, l'amende n'est pas partagée, elle appartient entièrement au Seigneur.

Ainsi jugé par M. Le-Bret Intendant le 6. de Novembre 1688, en faveur du Seigneur de Bargemon & des Sindics de la Noblesse contre le Fermier du Domaine.

XXXIII.

Lorsque les biens du Condamné ne suffisent pas pour l'entier payement de l'amende, le Roi & le Seigneur vont en concours; mais le Seigneur préléve les dépens dont il a obtenu l'adjudication en la Cause d'appel, ayant pris le Fait & Cause de son Procureur jurisdictionnel.

Arrêt du 26. d'Avril 1670, rapporté par Boniface tom. 4. liv. 1. tit. 1. Déclaration du 13. de Juillet 1700.

Le Seigneur est regardé en ce cas comme Partie civile, & c'est une maxime que l'adjudication des intérêts civils, & les créances antérieures à l'hipotéque de l'amende prononcée en faveur du Roi, ont la préférence *Leg. in summa ff de jure fisci.*

XXXIV.

L'hipotéque pour l'amende naît du jour de la condamnation, & non pas de celui du délit, à l'exception néanmoins du cas où il s'agit des crimes qui ne sont pas même éteints par la mort de l'Accusé, tels que ceux de Lezé-Majesté divine & humaine, d'Hérésie, de Duel, de Péculat.

Le Jugement de condamnation sur ces crimes est déclaratoire, comme dit Coquille quest. 14.

XXXV.

C'est à la Condamnation prononcée par la Sentence confirmée par l'Arrêt, qu'il faut rémonter par rapport à l'hipotéque.

Du-Moulin dans ses notes sur les conseils d'Alexandre liv. 3. cons. 7. Coquille quest. 14. Le-Grand sur la Coûtume de Troyes art. 120. glos. 2. n. 10. & 11.

XXXVI.

Les lettres de grace obtenuës par un Accusé le déchargent des amendes adjugées au Roi & au Seigneur Haut-Justicier, soit qu'il s'agisse d'une restitution de Justice, ou d'une restitution de grace.

Bacquet trait. des Droits de Justice ch. 16 n. 6. La restitution de Justice est celle qui est accordée pour un crime commis involontairement ou en se défendant, la restitution de grace est l'abolition d'un crime réel & volontaire.

XXXVII.

Dans le cas de la restitution de grace, si le Roi ou le Seigneur Haut-Justicier ont été payés de l'amende, l'Accusé ne peut pas en demander la restitution.

Arrêt du 30. de Septembre 1660, rapporté par Boniface tom. 2. part. 3. liv. 1. tit. 16. ch. 11, & qui déchargea l'Accusé de l'amende, attendu qu'elle n'avoit pas été payée. Il étoit convenu qu'il n'y auroit pas eu lieu à la répétition, si le payement en eut été fait.

XXXVIII.

Le Seigneur n'est pas recevable à s'opposer à l'entérinement des lettres de grace.

Arrêt du 1. de Mai 1577, rapporté dans le second volume des œuvres de Duperier pag. 409. Autre Arrêt du 16. de Février 1620, rapporté *ibid.* pag. 450.

XXXIX.

Les alimens, ou pain fourni par le Seigneur Haut-Justicier à l'Accusé qui a obtenu des lettres de grace, doivent lui être remboursés.

Arrêt du 16. de Juillet 1720, en faveur du Fermier de l'Abbaye de Lerins, lequel fut debouté par le même Arrêt de sa demande en remboursement des fraix de l'envoy de la Procédure au Greffe du Parlement & des épices ou honoraires payés aux Assesseurs qui avoient assisté au Jugement.

X L.

Le Seigneur Haut-Justicier n'est pas obligé de fournir le pain au Prisonnier, lorsqu'il a une Partie civile.

Arrêt du 13. de Juin 1731, en faveur de Mr. l'Evêque de Marseille Seigneur de Malemort. Autre Arrêt du 25. du même mois & même année en faveur du Seigneur de St. Cesaire.

X L I.

Les Juges des Seigneurs connoissent des Causes civiles & criminelles des Nobles domiciliés dans le district de leur Jurisdiction.

Déclaration du 24. de Février 1537, interprétative de l'Edit de Cremieu. Arrêt du 30. de Juin 1665, rapporté par Boniface tom. 1. liv. 1. tit. 4. n. 20.

X L I I.

Les Nobles domiciliés dans l'étenduë d'une Jurisdiction royale, ayant à plaider contre quelqu'un qui est domicilié dans le district d'une Justice Seigneuriale, doivent se pourvoir à cette même Justice.

Arrêt du 14. de Mai 1728, rapporté par Bonnet dans le recueïl *de la compétence des Juges* pag. 47. Autre Arrêt du 14. de Mars 1746, conforme aux conclusions que je portai pour Messieurs les Gens du Roi, rendu en faveur du Sieur d'Anjou de Pertuis.

XLIII.

Les Juges des Seigneurs connoissent de tout ce qui concerne le domaine, droits ou revenus ordinaires ou casuels de la Terre, baux, sous-baux, circonstances & dépendances, soit que l'affaire soit poursuivie par le Seigneur lui-même ou sous le nom du Procureur jurisdictionnel.

Ordonnance de 1667. tit. 24. art. 11. Par un Arrêt du 16. de Décembre 1725, rapporté par Bonnet dans son récuëil *de la compétence des Juges* pag. 49, il fut jugé que cet art. de l'Ordonnance n'imposoit pas la nécessité de se pourvoir devant ces Juges pour ces matières; & qu'en leur permettant d'en connoitre, on n'avoit pas entendu exclurre toute autre Jurisdiction.

XLIV.

S'il ne s'agissoit pas de la prestation ou quotité des Droits Seigneuriaux, & que le Droit fût contesté au fonds, le Juge du Seigneur seroit suspect.

Arrêt du Parlement de Paris du 26. d'Août 1741, rapporté par La-Combe Juris. civile, p. 366.

XLV.

Les poursuites pour un vol fait au Seigneur, ne peuvent pas être faites devant son Juge, quoiqu'il ne se déclare pas Partie civile, & que le Procureur jurisdictionnel soit seul Accusateur.

Arrêt du 15. de Février 1687, qui cassa une procédure faite

faite par le Juge de Rognes au sujet d'un vol de deux sacs de bled, fait dans le Château du Seigneur.

Il suffisoit que le Seigneur eut un intérêt personnel qu'il pouvoit réaliser en Cause d'Appel, en réclamant le bled volé, ou des dommages & intérêts.

XLVI.

Les Juges des Seigneurs connoissent des crimes commis sur les grands chemins.

Cette compétence a été long-tems contestée ; & ce qu'il y a de certain, c'est qu'elle étoit réservée aux seuls Juges établis par le Souverain, avant que la Provence eût été réunie à la Couronne.

L'on en trouve la preuve dans une Ordonnance renduë en 1308, par l'Archevêque d'Arles, en qualité de Chancelier du Comte de Provence. *Licet*, y est-il dit, *delicta in viis publicis, locis religiosis & sacris, seu divino Cultui deputatis, & in personas clericorum seu religiosorum commissa, tàm Dominus noster Comes quàm Prædecessores ejusdem ut putà ad eos seu eorum jurisdictionem Jure Regaliæ punire consueverint.*

L'on ne peut pas cependant conclurre de-là, que les Juges des Seigneurs ne peuvent connoitre des crimes commis sur les grands chemins, qu'autant que les Régales ont été transportées par le Souverain. Ce n'étoit pas en qualité de propriétaires des Regales que nos anciens Comtes étoient censés s'être réservé la jurisdiction, par rapport aux crimes commis sur les grands chemins. Ils l'exerçoient également dans les Terres, dont ils avoient aliéné les Regales. C'étoit véritablement *Jure Regaliæ*, mais, c'est-à-dire, en vertu d'un Droit de Souveraineté, qui leur réservoit aussi la connoissance des crimes commis *in locis religiosis*, & ceux qui l'étoient par des Ecclésiastiques & des Réligieux.

Arrêt pour cette compétence le 20. d'Octobre 1663. Les Sindics de la Noblesse étoient intervenus dans le Procés. Il est rapporté par Boniface tom. 1. liv. 1. tit. 4. n. 11. Autre Arrêt du 18. de Février 1670, rapporté par le même Auteur tom. 3. liv. 1. tit. 2. ch. 4.

Il y a des Jugemens des Commissaires du Domaine qui

ont jugé, que la connoissance des crimes commis sur les grands chemins, étoit réservée aux Juges Royaux ; mais on ne l'a décidé ainsi, qu'autant qu'il avoit été fait une réserve expresse de cette jurisdiction.

XLVII.

Les Juges des Seigneurs connoissent de la contravention à la chasse ; aux Criées ; & de l'infraction du Terroir.

Arrêt du 11. de Mars 1614, rapporté par Boniface tom. 1. liv. 1. tit. 4. n. 6. pour la chasse. Aujourd'hui la question est encore moins susceptible de doute ; les Offices de Juges-Gruyers ayant été réunis aux justices des Seigneurs. Pour les Criées & infraction du Terroir Arrêt du 26. Février 1644, rapporté par Boniface tom. 1. liv. 1. tit. 4. n. 7.

XLVIII.

Les Officiers des Seigneurs ne peuvent pas exercer les Charges des Communautés.

Arrêts du 18. de Décembre 1664, & du 18. de Novembre 1638, rapportés par Boniface tom. 1. liv. 1. tit. 4. n. 14 & 15.

TITRE III.

DES DROITS HONORIFIQUES.

I.

L'Eglise, en accordant aux Patrons & aux Seigneurs Justiciers, des distinctions, des prérogatives, a eu pour objet de s'acquitter envers ceux-là d'une juste reconnoissance, & d'engager ceux-ci à maintenir ses Droits par une protection singulière.

II.

Nul autre que le Patron & le Seigneur Haut-Justicier, n'a été admis originairement à joüir de ces honneurs; mais par tolérance, & en vertu d'une possession ancienne, & paisible les Moyens & Bas-Justiciers peuvent y participer.

L'Oiseau trait. *des Seigneuries* chap. 11. n. 30, restraint les Moyens & Bas-Justiciers à la préséance sur tous ceux qui sont soumis à leur justice, Guiot dissert. sur *les matières féodales* tom. 7. pag. 46, dit que si l'on conserve la possession des Moyens & Bas-Justiciers, ce n'est jamais vis-à-vis du Patron & du Seigneur Haut-Justicier.

L'usage que nous suivons en Provence est contraire à cette régle. L'Arrêt du 27. de Mai 1611, rendu entre Madame la Duchesse de Mercœur & l'Abbé de Montmajour, & rapporté par Bomy dans ses Mélanges ch. 6. maintint le Moyen & Bas-Justicier dans la joüissance de quelques Droits honorifiques.

Arrêt du 19. de Février 1727, en faveur des Consuls de Pelissanne Moyens & Bas-Justiciers de ce même lieu; ils furent maintenus dans le droit d'avoir un banc dans l'Eglise & la préséance sur les Officiers établis par l'Abbé de Montmajour Seigneur Haut-Justicier.

Ces mêmes Consuls étoient en possession de recevoir l'Eau-Benite avec distinction. Ils voulurent de-plus l'Encens. Arrêt rendu par le Grand-Conseil où ce nouveau procés fut évoqué le 19. de Février 1740, qui condamne cette prétention, avec la clause, *sans préjudice néanmoins de l'exécution de l'Arrêt du Parlement de Provence du* 19. *de Février* 1727. D'Héricourt *Loix Ecclésiastiques* part. 2. ch. 9. n. 12, dit qu'il faut que la possession du Moyen & Bas-Justicier soit immémoriale.

III.

Le Seigneur, qui sans participer à la Justice, n'a que la directe sur le sol où l'Eglise est bâtie, n'a pas droit de joüir de ces honneurs.

L'Oiseau *des Seigneuries* ch. 11. n. 34, où il dit que la Consécration de l'Eglise amortit la directe. Mais cela n'est vrai que par rapport aux Eglises Cathédrales & Parroissiales, & ne l'est pas à l'égard des autres Eglises ou Chapelles, puisqu'elles sont soumises au payement du droit d'indemnité envers le Seigneur-Direct.

La véritable raison est le défaut de participation à la Justice.

IV.

Les Droits honorifiques consistent à la récommandation aux prières de la Messe Parroissiale; à recevoir avec distinction l'Encens, l'Eau-Benite, le Pain Beni; à avoir un banc distingué dans le Chœur ou dans la Nef ; la Sépulture au Chœur ; la Litre ou Ceinture funébre & le premier rang ou préséance à la Paix , à l'Offrande & aux Processions.

V.

Le Patron parfait qui a construit, fondé & dotté l'Eglise , a le premier les honneurs, & après lui le Seigneur Haut-Justicier qui a la préférence vis-à-vis du Patron imparfait.

L'Oiseau *des Seigneuries* ch. 11. n. 7. La-Combe *jurisp. can.* part. 1. pag. 281.

VI.

Le Seigneur Haut-Justicier d'un Fief ne peut pas prétendre les honneurs dans l'Eglise située hors du district de ce même Fief, quoiqu'elle en soit la Parroisse.

Arrêt du 19. de Février 1727, cité ci-dessus n. II. Les Consuls de Pelissanne, à leur qualité de Seigneurs Moyens & Bas-Justiciers joignoient celle du Seigneur Haut-Justicier du Fief de Cabardel situé dans la même Parroisse.

Autre Arrêt du 17. de Mars 1735, en faveur du Seigneur d'Aiguines contre le Sieur Pélissier Seigneur Haut-Justicier du Fief de Chante-Reine démembré de celui d'Aiguines.

VII.

Entre plusieurs Seigneurs Hauts-Justiciers, celui qui l'est du sol où l'Eglise a été bâtie, joüit des honneurs exclusivement aux autres.

Arrêt du Parlement de Toulouse, rapporté par Mr. de Catelan liv. 3. ch. 1.

VIII.

S'ils sont tous également Hauts-Justiciers du sol de l'Eglise, ils participent tous aux honneurs ; mais celui qui a la plus grande portion les reçoit le premier ; & si les portions sont égales, la préséance est donnée au Possesseur de celle qui échût en partage à l'Ainé.

D'Héricourt *Loix Ecclés.* part. 2. ch. 9. n. 12.

IX.

L'Acquereur de la portion de l'Ainé, doit céder aux Puisnés ou à leurs Descendans, toujours dans le cas où les portions sont égales.

Arrêt du Parlement de Paris rapporté dans le second vol. du trait. *des Droits honorifiques* par Maréchal n. 9. De-Cormis tom. 1. col. 911.

X.

Le Seigneur dominant Haut-Justicier, n'a pas les Droits honorifiques dans l'Eglise située dans la Justice de son Vassal.

Arrêt rapporté dans le Journal des Audiences, dernière édit. tom. 3. liv. 9. ch. 10.

X I.

La Femme & les Enfans du Seigneur Haut-Justicier participent aux honneurs ; & s'il y a plusieurs Seigneurs, ces mêmes honneurs doivent être déférés à chaque famille sans interruption, c'est-à-dire, à la Femme & aux Enfans immédiatement après leur Mari & Père.

La question concernant la préséance entre la Femme, les Enfans de l'un des Seigneurs & les autres Cosseigneurs, est assez problématique. Maréchal trait. *des Droits honorifiques* la décide en faveur de la Femme & des Enfans. Danti dans ses Observations sur ce traité, embrasse l'opinion contraire ; & parmi les Arrêts recueïllis dans le second volume de ce même traité de Maréchal, l'on en trouve quelques-uns qui ont jugé, que les Enfans doivent suivre immédiatement leur Père ; & d'autres qui ont adjugé la préséance aux Cosseigneurs.

Ce qui me détermine à donner la préférence aux premiers, est cette considération, que c'est la Famille entière qui est censée posséder la Seigneurie, & s'il falloit admettre la préséance en faveur des Cosseigneurs par rapport aux processions, il y auroit même raison de décider à l'égard de l'Encens, de l'Eau-Benite &c. De-sorte qu'après avoir déféré ces honneurs à un Seigneur ; il faudroit passer vers les bancs des autres, & revenir ensuite dans le même ordre à chaque banc pour rendre ces mêmes honneurs à la famille.

D'Héricourt *Loix Ecclés.* part. 2. ch. 9, décide que dans les Processions les Femmes des Seigneurs Justiciers doivent marcher immédiatement après leurs Maris.

XII.

Les Seigneurs Hauts-Justiciers ont droit de placer un banc à dossier & avec accoudoirs dans le Chœur, pourvû qu'il ne nuise pas au Service Divin.

Tel est le Droit commun, attesté par Maréchal, & tous les Auteurs qui ont écrit sur cette matière.

Cependant par Arrêt du 20. de Mai 1727, rendu entre Mr. Le-Blanc Conseiller au Parlement de Provence Seigneur de Ventabren, & le Curé du même lieu, il fut ordonné, que le banc ne pourroit être placé que hors du Presbitére.

Cet Arrêt fut convenu entre les parties, la possession étoit contre le Seigneur. Mais il auroit pû soutenir que le droit de placer le banc dans le Chœur, est imprescriptible. Guiot *matièr. féod.* tom. 7. pag. 280.

XIII.

Le banc doit être placé après celui du Clergé & celui du Patron s'il y en a un, & si le Chœur peut les contenir tous; mais s'il ne peut y en être placé qu'un, ce doit être celui du Patron, & le Seigneur Haut-Justicier aura dans la Nef une place distinguée.

Droit commun.

XIV.

Les Curés ne peuvent, sous prétexte d'incommodité pour le Service Divin, faire ôter de leur propre autorité le banc du Haut-Justicier.

Arrêt du Parlement de Paris du 13. de Juin 1743, rapporté par Guiot *matièr. féod.* tom. 7. pag. 279.

XV.

Le Droit de banc dans le Chœur acquis au

Patron & au Seigneur Haut-Justicier, ne peut l'être par d'autres personnes à la faveur d'une possession même immémoriale.

L'Oiseau *des Seigneuries* ch. 11. n. 67.

XVI.

Le Haut-Justicier peut empêcher que les Marguilliers & Particuliers ayent des bancs à quëue ou fermés avec accoudoirs.

Cela a été ainsi jugé en faveur du Seigneur de Volonne par un Arrêt dont je n'ai pû recouvrer la datte. Voyez l'Arrêt du Parlement de Toulouse imprimé à la fin de ce Titre.

XVII.

S'il y a plusieurs Seigneurs Hauts-Justiciers, & que le Chœur ne puisse contenir qu'un seul de leurs bancs, le possesseur de la plus grande portion, ou de la portion de l'Ainé y placera le sien, les autres seront dans la Nef.

Guiot *matièr. feod.* tom. 7. pag. 288. prétend, que quoique le Chœur puisse contenir plusieurs des bancs des Hauts-Justiciers, on ne doit y en placer qu'un seul, ou au plus deux, quand il n'y a point de Patron; mais notre usage est contraire.

XVIII.

Le Droit de Sépulture au Chœur, n'appartient qu'au Patron & au Seigneur Haut-Justicier, mais à la faveur d'une possession immémoriale, on peut participer à cet honneur.

Guiot *matièr. féod.* tom. 7. pag. 331.

XIX.

Le Seigneur Haut-Juſticier a ſeul Droit de Litre ou Ceinture funébre tant au-dehors qu'audedans de l'Egliſe ; le Patron ne l'a pas au-dehors. Mais dans l'Egliſe ſa Litre eſt placée au-deſſus de celle du Haut-Juſticier.

Maréchal qui étoit extrêmement prévenu par ſon propre intérêt en faveur des Patrons, établit ch. 5, que le Patron a Droit de Litre tant au-dehors que dedans. Mais cette opinion qui n'a pas été ſuivie, a été ſolidement réfutée par Guiot *matièr. féod.* tom. 7. pag. 164.

XX.

La Litre peinte au-dehors de l'Egliſe peut être conduite tout au tour, ſans que la ligne ſoit interrompuë à la partie du mur qui ſert de clôture à un jardin ou cour.

Ainſi jugé par l'Arrêt du Parlement de Paris du 13. de Mars 1743, rapporté par Guiot *ibid.* tom. 7. pag. 160.

XXI.

L'Uſufruitier & la Doüarière n'ont pas le Droit de faire peindre leurs Litres.

Guiot *ibid.* tom. 7. pag. 283.

XXII.

S'il y a plusieurs Seigneurs Hauts-Justiciers, ils ne doivent pas multiplier les Litres ; ce qui causeroit une difformité dans l'Eglise, il faut qu'entre eux tous ils n'ayent qu'une ceinture de deüil tirée tout au tour de l'Eglise, soit dedans, soit dehors ; & elle sera divisée à proportion de la part de chacun, en laissant un certain espace.

Maréchal ch. 5. La-Peyrere let. L. n. 94. *ubi.* Arrêt du Parlement de Bordeaux du 27. de Juillet 1645. Guiot tom. 7. pag. 228.

XXIII.

L'Acquereur de la Seigneurie peut faire ôter la Litre de l'ancien Seigneur, à moins qu'il n'y ait stipulation de la laisser subsister dans le contrat de vente.

Guiot *matièr. féod.* tom. 7. pag. 233.

XXIV.

Les Seigneurs Hauts-Justiciers, leurs Femmes & Enfans, doivent être recommandés aux prières publiques, au Prône, soit qu'ils soient présens ou absens.

Droit commun. Arrêts du 26. de Mars 1647, en faveur du Seigneur de Tartonne, rapporté par Boniface tom. 1. liv. 3. tit. 2. ch. 2 ; du 6. de Juin 1663. en faveur du

Seigneur Descragnolles ; du 29. de Juin 1669. pour le Seigneur de Puiloubier ; du 5. de Février 1711. pour le Seigneur de Saint-Laurent ; du 20. de Mai 1727. pour le Seigneur de Veatabren.

XXV.

En Provence on n'eſt pas en uſage d'énoncer, en faiſant cette récommandation, le nom, & qualité du Seigneur Haut-Juſticier. On ne fait mention que de la qualité qui oblige à déférer cet honneur.

Maréchal trait. *des Droits honor.* ch. 8. Simon trait. *du Patronage* ch. 22. Mr. de Clugny dans le traité imprimé à la ſuite de celui de Maréchal, décident que l'on doit exprimer les noms & qualités.

XXVI.

L'Encens doit être donné au Seigneur Haut-Juſticier, comme il l'eſt au Clergé, par le Curé ou autre Prêtre, Diacre, Soudiacre ou Clerc revêtu d'un Surplis.

Arrêt du 5. de Février 1711. entre le Seigneur & le Curé de Saint-Laurent. Autre Arrêt du 20. de Mai 1727. entre Mr. Le-Blanc & le Curé de Ventabren.

XXVII.

La Femme du Seigneur reçoit auſſi l'Encens ſéparément après ſon Mari ; & leurs Enfans en quelque nombre qu'ils ſoient, ne reçoivent entr'eux tous qu'un ſeul coup d'Encens.

Arrêt du Parlement de Paris du 26. de Juin 1696. Journal des Audiences.

XXVIII.

L'Eau-Benite doit être donnée par aſperſion, à moins qu'il n'y ait une poſſeſſion en faveur du Seigneur pour la préſentation du Goupillon.

Arrêt du 11. de Mars 1737. confirmatif de la Sentence qui avoit ſoumis le Seigneur de Cabriés à prouver, qu'il étoit en poſſeſſion de recevoir l'Eau-Benite par préſentation du Goupillon. Semblable Arrêt entre le Seigneur & la Communauté de Simiane-Lés-Aix.

XXIX.

Le Seigneur Haut-Juſticier ne doit recevoir l'Encens & l'Eau-Benite qu'après tout le Clergé.

Edit de 1695.

XXX.

Le Juge Laïc a droit de connoitre des conteſtations concernant les Droits honorifiques, à l'excluſion du Juge d'Egliſe.

Arrêt du 22. de Juin 1647, rapporté par Boniface tom. 1. liv. 3. tit. 1. ch. 4.

XXXI.

Le Curé eſt obligé ainſi que les Vaſſaux de reſpecter le Seigneur.

Arrêt du 22. de Juin 1647, rapporté par Boniface tom. 1. liv. 3. tit 1. ch. 4; Arrêt du 5. de Février 1711, ordonne que ledit De-Pisany (Seigneur de Saint-Laurent) & Géofroi (Curé) se rendront les honneurs réciproques qui leurs sont dûs.

XXXII.

Les Consuls ne peuvent faire battre le tambour, même le jour de la Fête du Village, sans en avoir demandé la permission au Seigneur.

Arrêt du 30. d'Avril 1681, en faveur du Seigneur de Reillanne rapporté par Boniface tom. 4. liv. 1. tit. 7. ch. 1. Il y a un Arrêt contraire du Parlement de Grenoble rendu contre le Seigneur de Viens, & rapporté par le même Auteur ch. 1. *ibid.* Mais l'usage est conforme à celui qui fut obtenu par le Seigneur de Reillanne.

L'Oiseau trait. *des Seigneuries* ch. 11. n. 12. dit, que ce n'est qu'aux Seigneurs Hauts-Justiciers à donner la permission de faire la Fête du Village, d'en faire le cri, & Semonce; permettant de lever les quilles, & autres cérémonies qui en dépendent.

XXXIII.

Les réjoüissances publiques, même celles que l'on a accoutumé de faire le jour de la Fête du Patron, sont interdites dans le cours de l'année du decès du Seigneur, ou de son deüil pour sa Femme, son Père ou sa Mère.

Arrêt du 26. de Février 1737, qui casse une délibération prise par la Communauté de Pontevés, portant que la Fête du Patron seroit célébrée avec les réjoüissances ordinaires.

XXXIV.

Le Juge & en ſon abſence le Lieutenant de Juge, précédent les Conſuls.

Arrêts du 22. de Juin 1618. contre la Communauté de Noves, rapporté par Boniface tom. 3. chap. 10; du 23. de Mars 1713. en faveur de l'Abbeſſe de Sainte Claire de Siſteron, Dame de Souribe; du 7. de Juillet 1714. en faveur des Officiers de Juſtice du lieu de Biot. Autre Arrêt du 12. de Juin 1718, rendu en faveur du Juge de Saint Tropés, & qui ordonna qu'il ſe placeroit dans l'Egliſe à la tête des Conſuls, dans le banc où ils ſiégeoient. Autre Arrêt du 10. de Juin 1731, qui ordonne que le Juge de Soliers, & à ſon défaut le Lieutenant de Juge, précédera les Conſuls à toutes les aſſemblées & cérémonies publiques.

XXXV.

Les Conſuls doivent viſiter le Seigneur le jour de leur élection.

Arrêt du 30. d'Avril 1682. en faveur du Seigneur de Reillanne.

XXXVI.

Ils ſont obligés d'aller revêtus du Chaperon chez le Juge, ou en cas d'abſence chez le Lieutenant de Juge, le jour où l'on doit procéder à cette même élection, pour le conduire à l'Hôtel-de-Ville, & de le reconduire chez lui. A l'égard des autres conſeils ou aſſemblées, ils doivent le faire avertir la veille par le Valet de

Ville, & lui mander, à l'heure aſſignée, le Greffier qui doit l'accompagner.

Arrêts du 12. de Juillet 1718. pour Saint Tropés ; du 15. de Mars 1731. pour Eygaliéres ; du 10. de Juin 1731. pour Soliers ; du 22. d'Avril 1732. pour Eyragues ; du 22. de Juin 1733. pour la Garde. Celui-ci ordonna, que pour les aſſemblées ou conſeils ordinaires, un Conſeiller de Ville ſeroit mandé vers le Juge ou Lieutenant de Juge.

XXXVII.

Toutes les délibérations priſes par la Communauté, & auxquelles le Seigneur n'a aucun intérêt perſonnel, doivent être autoriſées par le Juge ou Lieutenant de Juge, à peine de nullité ; & s'il s'agit d'une délibération, concernant des prétentions ou conteſtations que l'on a à démêler avec le Seigneur, on doit ſe pourvoir au Parlement pour obtenir la ſubrogation d'un Juge, ou la délégation d'un Juge Royal.

Parmi les différens Arrêts qui ont été rendus ſur cette matière, tant par le Parlement que par la Cour des Aides, & dont quelques-uns ſont rapportés par Boniface, & dans le recueïl imprimé par les ſoins des Sindics de la Nobleſſe, il y en a un qui eſt remarquable.

Les poſſédans biens au Terroir du Tholonet, s'étant aſſemblés pour procéder à une impoſition, le Juge qui autoriſoit ce conſeil, rompit la ſéance, & ſe retira, parce que l'on refuſa d'y admettre l'Envoyé ou Prépoſé du Seigneur, & renvoya à une nouvelle aſſemblée qui ſeroit tenuë trois jours après ; mais ſous-prétexte qu'il s'agiſſoit d'une affaire qui exigeoit célérité, on délibéra ; & par Arrêt du 14. d'Avril 1726, la délibération fut caſſée.

XXXVIII.

XXXVIII.

Le Seigneur ne peut aſſiſter lui-même aux délibérations de la Communauté ; mais il a droit d'y faire aſſiſter en ſon nom un Prépoſé, lequel eſt néanmoins exclu du Conſeil où il s'agit de l'élection du nouvel état.

Cette excluſion fut reconnuë néceſſaire dans une Cauſe, où je portai la parole pour Meſſieurs les Gens du Roi : il s'agiſſoit de l'appel de l'élection du nouvel état de la Communauté de Volx ; il y avoit pluſieurs moyens de caſſation ; mais quand même il n'y auroit eu que celui qui étoit fondé ſur l'aſſiſtance ou préſence du Prépoſé, cette élection n'en auroit pas moins été caſſée.

XXXIX.

Le Prépoſé doit être informé de la convocation du Conſeil par un billet ſigné par le Conſul ou le Greffier, lequel billet doit être viſé par le Seigneur ou le Prépoſé lui-même.

Arrêt du 10. de Décembre 1750, obtenu par Mr. de la Molle Conſeiller honoraire au Parlement, Seigneur d'Artigues. Semblables Arrêts pour les Seigneurs de la Palud & de Clumans.

XL.

Les Conſuls ne peuvent obtenir la permiſſion de porter le Chaperon ſans le conſentement du Seigneur qui a le droit d'indiquer la couleur de cet ornement.

L'usage est, que les Consuls présentent requête au Parlement ; on ordonne qu'elle sera communiquée au Seigneur, qui en donnant son consentement désigne la couleur.

XLI.

Les Vassaux ne peuvent intenter l'action de complainte ou statut de querelle contre le Seigneur.

Arrêt du 21. d'Avril 1644, rapporté par Boniface tom. 3. liv. 1. tit. 2. ch. 6. Il y en a un autre rendu en 1554, & rapporté parmi ceux qui avoient été recueïllis par Mr. le Président de Coriolis, imprimés dans le second volume des œuvres de Duperier pag. 414.

Cette maxime est fondée sur cette raison, que l'interdit *uti possidetis* annonce *vim expulsivam, vel turbativam dolum, malitiam, & fraudem.* Loiseau dans son traité des Offices liv. 5. ch. 5. n. 62, examinant si l'on peut intenter cette action contre le Roi, son Père, le Patron, ou Seigneur & autres personnes à qui l'on doit du respect, décide qu'on ne le peut pas directement, & qu'il faut se pourvoir par requête, *& tristitiam rei mitigare* ; ce qui au fond, opére le même effet. Menoch *de recuperan. possess. remed.* 1. n. 75. Chopin sur la coutume de Paris liv. 3. tit. 1. n. 8 ; & Mr. le Président Bouhier sur la coutume de Bourgogne tom. 1. ch. 40. n. 148, établissent que l'action de complainte doit être accordée au Vassal ; & cette opinion paroit avoir des fondemens, au moins aussi solides que l'autre dont Loisel a formé dans ses institutes coutumiéres, une régle conçuë en ces termes, *entre le Roi, le Seigneur & le Vassal, n'y a point de nouvelleté.*

XLIII.

Les Seigneurs Justiciers & Féodataires, ne peuvent prendre la qualité de Marquis, Comtes,

Barons & Vicomtes, s'ils n'ont des lettres patentes enregiſtrees par le Parlement.

Cette régle dont l'ordre public réclame l'exécution, n'eſt pas obſervée comme elle devroit l'etre. Le nombre des Marquis, Comtes & Barons, ſans titre eſt prodigieux. L'on voit même uſurper des titres plus brillans qui forment quelquefois un contraſte ſingulier avec l'état de la fortune de ceux qui s'en décorent.

Le Roi Henri III. par un Edit du 17. d'Août 1579, avoit ordonné que la Baronie ſeroit compoſée de trois Chatellenies au moins, qui ſeroient unies enſemble pour être tenuës d'un ſeul hommage au Roi : que le Comté auroit deux Baronies, & trois Chatellenies au moins ; ou une Baronie, & ſix Chatellenies : enfin que le Marquiſat ſeroit compoſé de trois Baronies, & autant de Chatellenies au moins ; ou de deux Baronies, & ſix Chatellenies.

En Savoye, il y a un Edit de 1576, par lequel il eſt ordonné que nul ne ſera décoré du Titre de Marquis, s'il n'a 5000 écus de rente ; & de celui de Comte, s'il n'a 3000 écus.

Par un Arrêt de Réglement du 13. d'Août 1663, rapporté dans le Journal des Audiences, le Parlement de Paris fit défenſes à tous Propriétaires de Terres, de ſe dire Barons, Comtes ou Marquis, & d'en prendre les Couronnes à leurs Armes, ſinon en vertu de Lettres patentes du Roi, bien & duëment vérifiées en la Cour, à peine de 1500 liv. d'amende payable, ſçavoir, le tiers au Dénonciateur, un autre tiers à l'Hôpital-Général, & l'autre tiers aux Pauvres des lieux.

Le Parlement de Provence a fait deux Réglemens ſemblables, l'un du 18. de Novembre 1687, & l'autre du 7. de Décembre 1723. L'on annexa à celui-ci qui fut rendu public par l'impreſſion, le rôle des Princes, Ducs, Marquis, Comtes, Vicomtes & Barons, dont les Lettres ont été enrégiſtrées. Mais ces Réglemens ſont reſtés preſque ſans exécution.

Je dis, *preſque ſans exécution*, parce qu'il eſt un cas où on la réclame avec ſuccès ; c'eſt lorſqu'il s'agit de l'intérêt du tiers. L'on en a vû un exemple, il n'y a pas long-tems. Le Seigneur du Bar prenoit la qualité de Comte ; & il fut traité comme tel dans la taxe des dépens d'un procés qu'il gagna contre la Communauté du Bar. Elle appella de la taxe en ce Chef; la Cause fut plaidée solemnellement, & par Arrêt prononcé par Feu Mr. De la Tour premier Président, la taxe fut réformée, & réduite à celle de simple Gentil-Homme.

Mais ce n'est pas le seul intérêt du tiers qui a été l'objet des Réglemens dont il s'agit. Ils ont trait à une police générale, à un ordre qu'il convient de maintenir; & rélativement à cet objet, il semble que l'on ne devroit pas permettre que jusques dans les procés poursuivis devant les Tribunaux, d'où ces mêmes Réglemens sont émanés, on s'arrogeât des qualités qu'on n'a pas droit de prendre. C'est une témérité que la Justice elle-même est intéressée à réprimer. Il ne faut pas s'attendre, en cette matière, à avoir des Dénonciateurs; mais quand l'Usurpateur se dénonce lui-même par un orguëiil déplacé, pourquoi user d'indulgence?

XLIII.

Le Seigneur qui ne posséde que des directes, sans participer à la Justice, n'a pas droit d'éxiger du respect de la part de ses Emphitéotes.

Arrêt du 5. de Novembre 1644, rapporté par Boniface tom. 4. liv. 3. tit. 2. ch. 7.

XLIV.

Le Seigneur a droit d'empêcher le changement du Tableau de Dédicace de l'Eglise Parroissiale, & qu'un Particulier s'y fasse représenter avec des marques de dignité.

Arrêt rendu en faveur de l'Abbé de Montmajour Seigneurs de Correns, en Juin 1665, & rapporté par De-

Cormis tom. 1. col. 1097. Cet Auteur qui avoit plaidé pour l'Abbé de Montmajour, convenoit que le Particulier qui avoit fait don du nouveau Tableau, auroit pû, en conservant l'ancienne représentation, y mettre son nom, ou ses Armes, mais non pas son Portrait en long, & à plein, avec carreau, & rideau de velours cramoisi.

ARRÊT
SUR LES DROITS HONORIFIQUES, RENDU
Par le Parlement de Toulouse.

LOUIS par la Grace de Dieu, Roi de France & de Navarre au premier notre Huillier ou Sergent sur ce requis, comme sur la Requête de soit montré à notre Procureur-Général, présentée à notre Cour du Parlement de Toulouse le vingt-quatriéme Novembre mil sept cent cinquante cinq par Messire-Marie-Guillaume-Alexandre de Sauvan, Marquis d'Aramon, Baron de Valabregue, seul Seigneur, haut, moyen & bas Justicier de Comps, Saint Etienne des Hermes, Saint Pierre des Termes, Bertrand & autres Lieux, à ce que pour les causes y contenuës, il lui plaise déclarer communs au Supliant les Arrêts de Réglement de notredite Cour concernant les Droits honorifiques des Seigneurs, les fonctions & prérogatives de leurs Officiers, les Paturages & les Vendanges; & notamment ceux rendus en faveur de M. de Celesi, Conseiller en notredite Cour, du sieur Marquis de Montlezun & de M. de Boyoit aussi Conseiller en notredite Cour les vingt troisiéme Juillet mil sept cent quarante-six, dixiéme & vingt-septiéme Juillet mil sept cent quarante-sept, & autres fins de ladite Requête. Vû ladite Requête & Ordonnance de soit montré, dudit jour, extrait desdits Arrêts desdits jours, & les conclusions de notre Procureur-Général mises au bas de ladite Requête, notredite Cour ayant égard à ladite Requête, déclare les Arrêts de Réglement, & notamment ceux rendus en faveur desdits de Celesi & Montlezun, de Boyoit, les vingt-trois Juillet mil sept cent quarante-six, dix & vingt-sept Juillet mil sept cent quarante-sept, communs avec ledit Sauvan; & en conséquence.

Ordonne que les Curés & autres Prêtres déservant les Parroisses desdits Lieux d'Aramon, Valabregue, Saint Etienne, Comps & Saint Pierre, recommanderont, chacun en droit soi, ledit Sauvan en qualité & sous le titre de Seigneur desdits Lieux, de même que toute sa Famille, au Prône & aux Priéres publiques les jours des Dimanches & Fêtes.

Qu'ils lui donneront séparément du Public, & d'une maniére distinctive en se tournant vers lui, l'Eau-bénite par aspersion, & ensuite à toute sa Famille, & l'offrande immédiatement après les Prêtres & autres Employés, & revêtus pour le Service Divin; & qu'il en sera usé de même pour la distribution du pain béni & des cierges, auquel effet les Marguilliers des Eglises desdits Lieux, & autres chargés de ladite distribution, seront tenus de porter le pain béni & les cierges audit Sauvan immédiatement après les Prêtres & autres Employés, & revêtus pour le Service Divin, & ensuite à sa Famille.

Comme aussi seront tenus de porter & présenter le pain beni aux Baillifs, Viguiers, Juges, leurs Lieutenans & Procureurs jurisdictionnels desdits Lieux immédiatement après ledit de Sauvan & sa Famille, & avant les Consuls & autres habitans, de même que les cierges lors des Processions & en toutes les autres occasions où l'on a accoûtumé d'en distribuer; & en conséquence fait inhibitions & défenses auxdits Marguilliers d'en présenter auparavant auxdits Consuls, Vassaux & Justiciables, à peine de cinq cent livres d'amende & d'en être enquis.

Comme aussi fait inhibitions & défenses auxdits Marguilliers & Habitans desdits Lieux de placer des bancs à marque Seigneuriale dans les Eglises, & en conséquence ordonne qu'ils seront tenus d'abatre dans huitaine les dossiers, accoudoirs & agenoüilloirs de ceux qu'ils y ont, autrement & faute de ce faire permet audit de Sauvan de les faire abattre aux fraix & dépens desdits Marguilliers & Habitans, avec défenses de recidiver, à peine de cinq cent livres d'amende & d'en être enquis.

Ordonne en outre notredite Cour que les Consuls desdits Lieux seront tenus d'assister en chaperon aux Messes de Paroisse, aux Procesſions & aux autres Offices les jours de Dimanche & de Fête, & d'aſſiſter pareillement en chaperon aux Convois funébres dudit Sauvan, ſon Epouſe & ſa Famille, de même qu'aux Services qui ſe feront pour eux dans leſdites Egliſes, auquel effet ils ſeront tenus lorſqu'ils ſeront mandés d'aller prendre en chaperon le Duëil dans la maiſon dudit de Sauvan, de l'accompagner encore dans ſa maiſon, à peine de cinq cent livres d'amende & d'en être enquis; ſauf en cas de légitime excuſe.

Comme auſſi ordonne que les clôtures des comptes qui doivent être rendus par les Marguilliers & autres Adminiſtrateurs des Egliſes deſdits Lieux, ſeront faites & arrêtées par les Curés & Officiers dudit de Sauvan, & principaux Habitans nommés à cet effet, à peine de nullité, & que le recouvrement des deniers ſera pourſuivi à la diligence des Procureurs juriſdictionnels conformément à l'article dix-ſept de l'Edit de mil ſix cent quatre-vingt-quinze, qui ordonne que les clôtures des comptes qui doivent être rendus annuellement par les Adminiſtrateurs des Hôpitaux & par les Conſuls deſdits Lieux, ſeront faites & arrêtées par les Officiers dudit de Sauvan & autres qui ont droit d'y aſſiſter, que lors de la reddition & clôture deſdits comptes, & dans toutes les Aſſemblées générales & particulières deſdits Hôpitaux, & des Communautés deſdits Lieux, les Baillifs, Viguiers & Juges dudit de Sauvan y préſideront.

Ordonne en outre que lesdits Officiers joüiront du droit de précéder les Consuls desdits Lieux, & tous autres Particuliers dans l'Eglise, aux Processions, Convois funébres, & dans toutes les Assemblées générales & particulières, du droit d'y présider, d'aller les premiers à l'offrande immédiatement après ledit de Sauvan & sa Famille, d'allumer les feux de joye lorsqu'il en sera fait, soit pour les festivités ou autrement, faisant défenses aux Consuls & à tous autres qu'il appartiendra, de à ce donner auxdits Officiers aucun trouble ni empêchement, à peine de cinq cent livres d'amende & d'en être enquis; & néanmoins enjoint auxdits Consuls d'y assister en chaperon sous les mêmes peines.

Comme aussi que lorsqu'il sera envoyé quelque ordre supérieur auxdits Consuls, ils seront tenus de les porter & communiquer audit de Sauvan, & en son absence à ses Officiers.

Ordonne que lesdits Consuls seront tenus de communiquer par écrit auxdits Officiers, un jour avant les assemblées des Communautés, les points sur lesquels il conviendra de déliberer, leur faisant inhibitions & défenses d'en convoquer aucune, soit générale ou particulière, sans y appeller les Officiers dudit de Sauvan, pour y présider, à peine de nullité des délibérations, cinq cent livres d'amende & d'en être enquis; sauf à l'égard des Assemblées qui seront convoquées pour y traiter des contestations d'entre ledit de Sauvan & les Communautés desdits Lieux, auquel cas lefdits Confuls feront tenus d'y appeller un de nos Magiftrats ou Gradué pour y préfider, & néanmoins d'en avertir les Officiers dudit de Sauvan, un jour à l'avance, fous les mêmes peines.

Ordonne en outre que dans toutes les Affemblées des Communautés defdits Lieux, foit générales ou particulières, dans quelles occafions qu'elles foient convoquées, & dans quels Lieux qu'elles fe tiennent, les Officiers dudit de Sauvan y préfideront à l'exclufion des Curés, lefquels les Confuls n'avertiront pour affifter auxdites Affemblées qu'en la manière qu'on a accoûtumé d'avertir les autres Habitans.

Enjoint notredite Cour auxdits Confuls d'appeller à toutes les Affemblées générales & particuliéres des Communautés, les Procureurs jurifdictionnels dudit de Sauvan, qui y affifteront de même que les autres Habitans qui ont droit d'affifter auxdites Affemblées lorfqu'elles feront convoquées, & figneront les délibérations avant la féparation de l'Affemblée, à peine de nullité & de vingt-cinq livres d'amende.

Enjoint pareillement aux Greffiers Confulaires ou Secretaires des Communautés defdits Lieux de coucher tout au long, & mot à mot, dans ces Regiftres des délibérations, toutes les réquifitions qui feront faites par les Procureurs jurifdictionels dudit de Sauvan, fous la même peine de vingt-cinq livres d'amende & d'interdiction defdits Greffiers & Secretaires, ordonne qu'ils ſeront tenus de délivrer audit de Sauvan *gratis* ; ſauf du papier timbré & controlle, des expéditions en forme des délibérations dont il aura beſoin, à quoi faire contraint par toutes voyes de droit & par corps.

Comme auſſi ordonne qu'après la nomination des Conſuls faite ſuivant l'uſage, ils ſeront tenus de préter le ſerment en la forme & maniére accoûtumée entre les mains dudit de Sauvan ou de ſes Officiers, leſquels nouveaux Conſuls ſeront auſſi tenus de faire une viſite en chaperon audit de Sauvan, & en ſon abſence, à ſes Officiers à peine de cinq cent livres d'amende.

Ordonne notredite Cour que les cadaſtres, livres des comptes, papiers, titres & documens des Communautés deſdits Lieux ſeront remis à l'inſtant du commandement aux Archives deſdites Communautés & dans les coffres ou armoires à ce deſtinés, à laquelle remiſe tous les Détempteurs ſeront contraints par les voyes de droit, même par corps.

Ordonne notredite Cour qu'en l'abſence ou maladie des Baillifs, Viguiers & Juges dudit de Sauvan, leurs Lieutenans & les Juges ſubrogés joüiront des mêmes avantages & prérogatives.

Enjoint notredite Cour à tous les Habitans deſdits Lieux de tenir leurs chiens attachés, tant de jour que de nuit, depuis le premier Mai juſques au premier Août ſuivant, & le reſtant de l'année de leur attacher au col un baton de deux pans & demi de longueur, dont un des bouts trainera par terre, à peine de vingt-cinq livres d'amende; & ce pour éviter le deperissement du gibier; autrement permet audit de Sauvan de faire tuer tous les chiens qui seront trouvés dans les champs sans avoir un bâton attaché au col.

Ordonne notredite Cour que le tems des vendanges arrivé, les Communautés desdits Lieux seront tenuës, chacune en droit soi, de s'assembler & de nommer des Prud'hommes pour aller visiter la vendange, lesquels en feront ensuite leur rapport à l'Assemblée desdites Communautés qui fixeront le jour des vendanges, lequel sera communiqué de suite audit de Sauvan, & en son absence à ses Officiers; que le ban des vendanges sera publié au nom dudit de Sauvan un jour de Dimanche ou de Fête à l'issuë de la Messe ou de Vêpres, que le jour desdites vendanges étant indiqué ledit de Sauvan aura trois jours pour faire vendanger ses vignes. Faisant défense notredite Cour aux Habitans & Bientenans desdits Lieux de vendanger avant la publication du ban des vendanges, ni pendant les trois jours que ledit de Sauvan fera vendanger ses vignes, à peine de vingt-cinq livres d'amende & de confiscation de la vendange.

Comme aussi fait inhibitions & défenses à toutes personnes de passer & repasser à pied, à cheval & avec charretes dans les possessions dudit de Sauvan sans permission par écrit, à peine de vingt-cinq livres d'amende, & d'en être enquis.

Fait pareillement défenſes aux particuliers Habitans & Forains deſdits Lieux, de même qu'aux Etrangers d'envoyer & faire dépaitre leurs beſtiaux de quelle eſpèce qu'ils ſoient, de jour & de nuit, dans les poſſeſſions dudit de Sauvan, à peine de vingt-cinq livres d'amende pour chaque contravention, payable ſolidairement par les Maîtres & Gardiens deſdits beſtiaux, & d'en être enquis; & en conſéquence permet audit de Sauvan de faire pignorer les beſtiaux qui ſeront trouvés en délit & de les garder juſques à ce que l'amende & les dommages ayent été payés, avec la nourriture & le droit de garde.

Fait pareillement notredite Cour inhibitions & défenſes à tous les Habitans deſdits Lieux d'Aramon, Valabregue, Comps, Saint Etienne & Saint Pierre de tenir des troupeaux ni autre eſpèce de beſtiaux à eux appartenant, ou à autrui, ni d'en faire tenir à leur nom, ou à celui d'autres Habitans & Bientenans, qu'à proportion & à concurrence de leur tenement & alivrement, auquel effet il ſera procédé inceſſamment aux fraix & dépens deſdites Communautés à un compris cabaliſte, & à une repartition pour fixer la quantité des beſtiaux que chaque Habitant & Bientenant pourra tenir; faiſant défenſes néanmoins auxdits Habitans de faire dépaître leurs beſtiaux dans d'autres fonds que ceux qui leur appartiennent en propre, ſous peine de vingt-cinq livres d'amende envers ledit de Sauvan. Comme auſſi enjoint à tous Particuliers qui ont des troupeaux & autres beſtiaux, & qui n'ont point d'alivrement dans leſdits Lieux, de s'en defaire dans le délai de huitaine, à peine de cinquante livres d'amende, & de confiſcation deſdits troupeaux & beſtiaux.

Ordonne notredite Cour que le préſent Arrêt ſera exécuté nonobſtant toutes oppoſitions & ſans y préjudicier, & que des contraventions il en ſera enquis pardevant les Juges des Lieux. Et que le préſent Arrêt ſera imprimé, lû, publié & affiché par tout où beſoin ſera.

Prononcé à Toulouſe en notredit Parlement le ving-ſeptiéme jour du mois de Janvier l'An de Grace mil ſept cent cinquante ſix, & de notre Régne le quarante-uniéme.

TITRE IV.

DES RE'GALES.

I.

LES Régales consistent à certains Droits d'honneur, de prééminence & de profit, qui dérivant de la Puissance publique, appartiennent à l'Etat, ou à celui qui le gouverne.

Pastour *de Feudis lib.* 1. tit. 3. Dunod trait. *des prescriptions* part. 3. ch. 11.

II.

Quelqu'étenduë que puisse être la concession des Régales, faite par le Souverain à des Seigneurs Féodataires & Justiciers, elle est toujours restrainte aux seules Régales Mineures; les Majeures sont inaliénables, comme faisant partie du Domaine de la Couronne.

Pastour *ibid.* Du-Moulin cout. de Paris §. 1. glos. 5. n. 56.

III.

Les Régales majeures sont, le pouvoir de faire des Loix, lever des Troupes, faire la Paix & la Guerre, exercer la Jurisdiction en dernier ressort,

ressort, créer des Dignités, des Ordres de Chevalerie, des Magistrats & Officiers publics, le Droit de faire battre monnoye, de succéder aux Aubains, de les naturaliser, de légitimer les Bâtards, d'annoblir, d'amortir les héritages tenus par gens de main-morte, d'imposer des tributs, accorder des Sauve-Gardes, permettre l'établissement des Corps & Communautés, des Foires & Marchés; la propriété des Mines de substance métallique; la Jurisdiction & police des Rivages de la Mer, Fleuves & Riviéres navigables.

Sixtinus *de Regalibus*, Montanus *de Regalibus*. Dunod. trait. *des prescriptions* part. 3. ch. 11.

IV.

Les Regales mineures sont les chemins publics, les Riviéres, les Isles, les biens vacans la propriété des choses dont le Public a l'usage, & qui n'appartiennent à aucun maître particulier, la pêche, la chasse, les salines, les tresors, les confiscations, le Droit de succéder aux Bâtards, le Péage, les Epaves, le Droit de Bris & Varech, la Jurisdiction, le Droit d'avoir Château avec crenaux, forteresses & tours.

Pastour *de Feudis lib.* 1. tit. 4.

V.

On ne peut pas acquerir par la ſeule poſſeſſion, même immémoriale, les Regales mineures.

Quelques Auteurs & entr'autres Dunod & Paſtour, ont cru que les Regales mineures pouvoient être preſcrites, mais cette opinion a été conſtamment condamnée par les Jugemens des Commiſſaires du Domaine.

V I.

Le concours de la Haute-Juſtice & de la Directe univerſelle, dans un Terroir circonſcrit & limité, ſupplée au défaut d'une conceſſion expreſſe des Regales mineures.

Extrait ſur les anciens Régiſtres dépoſés au Greffe du Terrier des Domaines du Roi en Provence.

Les Commiſſaires des Domaines du Roi en Provence. Entre Dame Françoiſe De-la-Tour de la Charie Gouvernet Dame de Rognes, Demandereſſe en Requête à fins d'oppoſition du 14. Novembre 1687. d'une part.

Et le Procureur du Roi en notre Commiſſion pourſuite & diligence de Me. Loüis Simon Fermier des Domaines de Sa Majeſté en Provence, Défendeur d'autre.

Vû le Jugement par nous rendu par défaut le 15. Septembre 1687. ſur la demande dudit Procureur du Roi, contre ladite Dame de Rognes, par lequel nous avons déclaré que les Régales dudit Lieu appartiennent à Sa Majeſté, & en conſéquence ordonné que les Poſſeſſeurs des maiſons & héritages ſcis dans leſdites Régales, en feront chacun leur déclaration au Terrier, aux termes & en la manière portée par l'Ordonnance générale du 24. Août 1683. ladite Dame condamnée à la reſtitution des lods reçus depuis vingt-neuf années pour les mutations deſdites maiſons & héritages arrivées pendant ledit tems; Exploit de ſignification d'icelui fait audit Garnier Procureur de ladite Dame du quatre Octobre suivant ; Requête à nous présentée par ladite Dame de Rognes le 14. Novembre audit an, tendante à ce qu'il nous plut la recevoir opposante à l'exécution dudit Jugement la décharger des condamnations portées par icelui, & la maintenir en la possession & joüissance des Droits de Régales dudit lieu, à l'exception des Régales concernant les appellations des Jugemens rendus par les Officiers dudit lieu, & au moyen de ce, que les Possesseurs des maisons & héritages attenans les murailles dudit lieu, seront déchargés de faire la déclaration mentionnée audit Jugement, ladite Requête signée *de Julianis* & *Garnier* ; Notre ordonnance au bas dudit jour 14. Novembre, portant Acte de l'opposition, & pour y faire droit qu'elle sera signifiée audit Fermier des Domaines, & communiquée audit Procureur du Roi, pour leurs reponses reçuës, être ordonné ce que de raison ; Exploit de signification du 20. dudit mois ; Reponses dudit Procureur du Roi du 4. Mars 1688. ; Inventaires, piéces & productions desdites Parties, Contrat d'échange fait entre Charles II. Comte de Provence, & Ricaud de Camus, de la haute Jurisdiction du lieu de Rognes du 3. Juillet 1305. ; donation d'une partie de ladite Terre faite par Dame Marie Sauve à Noble Jacques d'Agoult du 3. Février 1489. dénombrément de ladite Terre du 27. Juillet 1560. ; Extrait de la Transaction passée entre Honnoré d'Agoult Seigneur de Rognes, & la Communauté dudit lieu du 14. Décembre 1540. Extrait tiré des Archives des Régistres *Sclapony* & *Leopardus* ; Oüi le rapport & tout consideré.

Nous Commissaires susdits ayant aucunement égard à l'opposition de la Dame de Rognes, attendu qu'elle a la Directe universelle & la Haute-Justice dans ledit lieu de Rognes & son Terroir, déclarons les maisons & héritages en question être mouvans de la Directe de ladite Dame, en conséquence ordonnons qu'en payant par elle audit Fermier de Sa Majesté la somme de huit livres treize sols pour les dépens liquidés par notre Jugement du 15. Septembre 1687., elle demeurera déchargée, ensemble les Possesseurs desdites maisons & héritages, du surplus de la condamnation portée par ledit Jugement : fait à Aix le quatre Janvier mil six cent quatre vingt-neuf : signés *Lebret*, *Fulconis* & *Joannis*.

La maxime a aussi été attestée par un Acte de Notoriété donné par Messieurs les Gens du Roi le 1. de Février 1755; & Duperier tom. 2. pag. 7. n. 24. la retrace, après Du-Moulin en ces termes. *Les Droits de Régale, qui peuvent être en commerce, & être possedés par un simple Seigneur, sont compris dans l'investiture ou don que le Roi fait d'une Terre ou Seigneurie, & de toute sorte de Droits, en termes généraux.*

Mais, malgrè ces décisions qui doivent sans contredit prévaloir à l'opinion particulière de Pastour, qui dans son traité *juris feudalis lib.* 1. tit. 3., dit que la concession doit être expresse, le Fermier du Domaine rénouvelle souvent la même contestation. Il y a même à ce qu'on m'a dit, un Arrêt du Conseil rendu en 1745, qui a jugé la question en sa faveur contre le Seigneur de Claret. Je suis surpris que le Corps de la Noblesse reste dans l'inaction, & ne prête pas le secours de son intervention, dans des occasions aussi essentielles.

VII.

Quoique nos Rois ayent une Autorité Souveraine sur les Mers qui bordent leurs Etats; les Seigneurs, & les Particuliers même peuvent y avoir des Droits utiles qui font partie des Régales mineures.

Arrêt du Parlement de Bordeaux rapporté par Bacquet trait. *des Droits de Justice*, par lequel Mr. le Duc d'Epernon fut maintenu dans le Droit de prendre l'ambre gris que la Mer jette sur ses bords. L'Ordonnance de la Marine autorise les Seigneurs voisins de la Mer, & qui ont une concession expresse, ou des dénombrement fournis à la Chambre des Comptes avant 1544, à exiger des Droits utiles pour la pêche.

Quant au terrain des bords de la Mer, lequel fait partie des Régales, comme celui des places publiques, & remparts jusqu'à une certaine distance; il y a un Arrêt du Parlement de Provence d'autant plus remarquable, qu'on ne trouve aucune autre décision sur cette matière.

L'Abbé de St. Victor possède les Régales dans le Terroir de Six-Fours, en vertu du transport fait à l'Abbaye par la Reine Jeanne Comtesse de Provence le 20. de Décembre 1364. Il vendit en 1630. à Michel Torrel la partie de ces Régales, qui se trouvoit enclavée entre les Caps de Moüisseque, Raisson & Brégaillon au Quartier de la Seyne, où il n'y avoit alors qu'un hameau, & où a été ensuite formé un Bourg très-considérable. l'Abbé de St. Victor réserva le Mole qui s'alongeoit dans la Mer; & dix pans de largeur le long de ce Mole pour le rendre plus spatieux.

Les Successeurs de Tortel firent divers comblemens dans ces mêmes Régales; l'on prétendit qu'ils les avoient faits au delà des bornes du rivage de la Mer, & empiété sur les Terres voisines; & ils se plaignirent à leur tour que les Possesseurs des fonds voisins avoient empiété sur les Régales. Dans le Procès formé à ce sujet, intervint l'Arrêt dont voici la teneur. » La Cour, sans s'arrêter aux avancemens, & jêts faits dans la Mer par aucuns desdits Particuliers & Tenanciers des biens proche d'icelle, déclare » les terrains, bourbiers, graviers & marais, étant le long » du rivage de la Mer puis le Cap de Bregaillon jusques au » Cap de Moüisseque, *& jusques où le plus haut flot de* » *la Mer peut arriver de présent*, ensemble les places à » bâtir baillées par l'abbé de St. Victor, où ayant Droit » & Cause de lui, être de la Régale dont est question, » remise par ledit sieur Abbé par Acte du 5. de Septembre 1630., à Michel Tortel, & par ledit Tortel à Lidoire Hou, & par ledit Hou auxdits Daniel & Vidal; » & tout le reste des terrains où ledit flot ne peut arriver, être & appartenir auxdits Particuliers; & à ces » fins, qu'aux dépens desdits Daniel & Vidal, bornes & » limites seront posées en présence du Commissaire Rapporteur de l'Arrêt, pour les séparations des Terres des » Particuliers desdites Régales; & pour le regard du Mole, déclare lesdits Consuls de Six-Fours n'avoir pû empêcher le comblement dont est question, commencé proche d'icelui par Laurens & Joseph Daniel, & autres » ayant Droit & Cause d'Iceux, de continuer ledit comblement, & faire bâtir maison audit endroit, &c. »

Cet Arrêt fut exécuté; & des Experts fixerent l'emplacement de ces Régales dans l'enceinte de 50. termes. Ainsi es Régales & le rivage de la Mer commencent où le plus haut flot de la Mer peut atteindre en hiver ; ce qui est conforme à la décision du §. 3. instit. *de rerum divisione. Est autem litus Maris , quatenùs hybernus fluctus maximus excurrit.* Il est vrai que l'Ordonnance de la Marine publiée en 1681 , fixe le rivage à l'endroit où le grand flot de Mars peut s'étendre. Mais il est très-vraisemblable qu'en donnant cette régle, l'on n'eut égard qu'à ce qui arrive sur les bords de l'Océan, qui occupe la plus grande partie des côtes du Royaume de France. Dans la Méditerrannée , le plus grand flot est celui que poussent les vents en hiver. Les Romains n'avoient eu en vûë que la Méditerrannée , lorsqu'ils avoient fixé le rivage à l'endroit où le plus grand flot peut atteindre en hiver. Il est certain que dans le mois de Mars le plus haut flot reste au-dessous de ce même endroit.

Cet Arrêt a aussi jugé que les terrains, bourbiers, graviers & marais qui sont dans l'enceinte du rivage de la Mer, font partie des Régales ; que le Possesseur peut y faire des comblemens ; & que les endroits où il y a assez d'eau pour la navigation , ne sont pas compris dans les Régales ; la dénomination de terrains, bourbiers, graviers & Marais, le désigne assez.

La réserve d'aggrandir le Mole, est une suite du droit de faire des comblemens. Un Mole est une jettée dans la Mer. *Adversùs eum qui Molem in Mare projecit, utile interdictum competit ei, cui res fortè nocitura sit. Leg.* 1. §. 8. *ff. Ne quid in loc. public.* Il y a plusieurs espèces de Moles. Les uns sont faits pour arriver à une quantité d'eau suffisante pour les embarquemens & débarquemens. Les autres, pour la Pêche. Il y en a d'autres qui garantissent les Ports de l'impétuosité des vagues. L'on en construit aussi pour la défense des Côtes, ou les Fortifications des Places.

VIII.

Le Droit de s'approprier les effets échoüés ou tirés de la Mer , appellé autrement Droit de Bris & de Varech , & compris parmi les Régales mineures, ne peut être exercé que jusqu'à une certaine concurrence de ces mêmes effets avec certaines conditions & formalités.

L'Ordonnance de la Marine tit. 9. prescrit les formalités qui doivent être observées.

IX.

Le Droit d'avoir des Salines, compris aussi parmi les Régales mineures, ne donne pas celui de vendre le Sel qui s'y fabrique, aux Particuliers. Le débit est réservé au Roi.

Il y a certains Pays ou Contrées qui ont des privilèges particuliers. Le sel y est marchand ; mais il n'est pas permis de le transporter ailleurs.

X.

Le Droit du Roi sur les Mines d'or & d'argent, a été réduit à un dixiéme ; les autres Mines appartiennent aux Propriétaires des fonds où on les trouve.

Ordonnance d'Henri III. du mois de Novembre 1593.
Ordonnance d'Henri IV. du mois de Juin 1601.

En Provence, nous avons un exemple d'une Mine de jay, dont le seigueur Haut-Justicier perçoit le 10. De-Cormis tom. 1. col. 775.

XI.

Le Sol des chemins appellés Royaux, des ruës, halles, places publiques, des remparts, les remparts eux-mêmes, appartiennent au Roi ou au Seigneur Justicier qui a les Régales mineures.

Paſtour *de feudis* lib. 1. tit. 4. Cela eſt exactement vrai en Provence. Ainſi il ne faut pas s'arrêter à ce que diſent Loiſeau traité de seigneuries ch. 9., & Le-Grand ſur la coutume de Troye. Ces Auteurs ſoutiennent que le Roi n'a que la garde principale & super-Intendance des Chemins Royaux, & non la propriété qui ne peut appartenir à perſonne, s'agiſſant d'une choſe dont l'uſage eſt commun. C'eſt préciſément par cette raiſon que la propriété en appartient au Roi ; les choſes communes qui n'ont point de Maître particulier, faiſant véritablement partie des Régales mineures.

XII.

Les Communautés chargées de la conſtruction & réparation des chemins, ruës, places, remparts, peuvent bien les changer à leur grè pour la commodité du Public ; mais l'ancien Terrain ou Sol ne ceſſe pas d'appartenir au Roi.

Nous en avons des exemples dans la Ville d'Aix. Les maiſons qui ont été bâties ſur le Terrain qu'occupoient les remparts avant les différens agrandiſſemens qui ont été faits, ſont ſoumiſes à la Directe du Roi.

XIII.

Le Terrain voiſin des remparts juſqu'à l'étenduë de trois cannes en-dehors, & de deux cannes en-dedans, l'épaiſſeur des murailles non compriſe, fait auſſi partie des Régales.

Extrait du Livre Terrier du Greffe des Domaines du Roi, tit. *des Régales*.

XIV.

Les caves, avancemens & auvans bâtis, sous ou dans les ruës, & la faculté de dériver l'eau des rivières, ruisseaux & sources étant aux chemins publics, ou fonds appartenans au Roi, relévent de la Directe de Sa Majesté

L'on verra dans les titres que je vais rapporter, que les Commissaires du Domaine avoient décidé que les bancs, étaux, saillies & avancemens faits dans les ruës, ne devoient être soumis, ni à la mouvance, ni à aucune rédévance envers le Roi. Mais cette décision ne fut pas adoptée par le Conseil; parce que l'on trouva à la Chambre des Comptes, & au Bureau des Trésoriers Généraux de France, plusieurs nouveaux baux, & permissions accordées pour avancer les caves sous les ruës, & faire d'autres ouvrages dans les chemins publics, comme acqueducs, & canaux pour la dérivation des eaux, & les arrosages des Terres. Tout cela a été déclaré faire partie des Régales, & a été compris dans l'abonnement fait par un Arrêt du Conseil du 19. de Juin 1691., & pour raison duquel les Etats payent annuellement au Roi la somme de 35000. liv.

Jugement de Mrs. les Commissaires du Domaine, du 25. d'Octobre 1668.

» Nous Commissaires, ayant aucunement égard à la » Reqnête des Prcureurs des Gens des trois Etats du 5. » de Juin dernier, avons déclaré, & déclarons les Régales » portées par nos Jugemens des 30. de Janvier, & 6. » de Février dernier, être celles de Droit, conformement » à l'nsage de cette Province, & avoir esdites Ordonnances » entendu parler des fleuves navigables, ruisseaux, fontaines, » étant & appartenant au Roi ès chemins publics » & aux fonds de Sa Majesté; & qu'il sera conformément » à ce que dessus, pourvû aux parties, sur les cas » particuliers, ainsi qu'il appartiendra. Fait à Lambesc le » 25. d'Octobre 1668. signés, *Oppede*, *Guidy*. »

Il y eut de nouvelles contestations avec le Fermier du Domaine, ce Jugement n'ayant pas statué sur la propriété des ruës. Les Procureurs du Pays présenterent une Requête, où après avoir observé que, suivant Loiseau & d'Argentré sur la coutume de Brétagne tit. *des Droits du Prince* art. 56., & *des approprìances* art. 366. ch. 23. n. 2. les ruës & places publiques des Villes, ne sont pas vraïes Régales, mais seulement sous la protection & tuition du Roi, ils ajoûtoient que cela étoit exactement vrai en Provence, où les pavés des ruës sont faits aux dépens des Communautés, & les chemins publics sont réparés aux dépens de la Province. Le Roi ne contribuant pas à leur entretien, ne doit prétendre aucuns émolumens. Loiseau ch. 3. n. 86.

Par la même raison, il ne peut rien prétendre, pour raison des saillies, auvans, êtaux, caves sous les ruës. La jurisdiction de la voirie ne s'y exerce que pour l'utilité, & pour la commodité publique. Le Roi n'a jamais rien prétendu pour la permission d'avoir ces avancemens, ni pour la possession des hales, places publiques, poissonneries. Il est permis aux Communautés de les changer; le cours d'Aix a été fait, au moyen de la taxe des maisons: ainsi il ne faut pas prendre pour Régle, l'Arrêt rapporté par Bacquet *des Droits de Justice* ch. 30. n. 15, au sujet des hales de Paris. Elles avoient été bâties par Philippe Auguste en 1182; mais quand elles n'ont pas été bâties par le Roi, elles ne sont assujetties à aucune rédévance en faveur de Sa Majesté.

Quelque fois les Particuliers ont demandé au Roi la permission de traverser les ruës & les chemins, & ils ont été assujettis à une cense ou rédévance. Ils doivent l'acquiter; mais régulièrement il n'est rien dû au Roi pour ces permissions; & les Voyers n'ont inspection que pour examiner si ces sortes d'ouvrages peuvent nuire au Public.

La Reine Jeanne donna à la Communauté d'Aix les fossés de la Ville, parce qu'elle avoit fait rébâtir les murailles à ses dépens. Crinias Medécin fit construire celles de Marseille; & celles du nouvel aggrandissement ont été faites aux dépens de la Ville.

ORDONNANCE Générale de Mrs. les Commiſſaires du Domaine, ſur divers chefs des demandes de l'adjudication dudit Domaine.

SUR la Requête à nous préſentée par les Procureurs des Gens des trois Etats de ce Pays de Provence, de la part de l'Aſſemblée générale des Communautés ſeante en ce lieu de Lambeſc, ſur divers Chefs concernant la confection du Papier Terrier en ce Pays, & diverſes pourſuites qui ſont faites par l'adjudication du Domaine du Roi. Nous Commiſſaires avons ordonné que conformément à notre précédente Ordonnance du 14. Décembre dernier, ledit Adjudicataire ſera obligé de donner ſes demandes libellées, en faire la preuve ſuivant le Droit commun & du franc alleu dont joüit la Province; autrement il en ſera débouté avec dépens: ſauf les exceptions des lieux auxquels le Roi poſſéde la directe univerſelle, & au fait des biens rélévans de Sa Majeſté, ou domaines engagés. Que les exécutions en ſuite de nos Jugemens ſeront par lui faites ſuivant les Ordonnances du Roi, formes & uſages de la Province en la lévée des deniers de Sa Majeſté; & ne ſera établie aucune Garniſon par ledit Adjudicataire du Domaine, ni par ſes Commis, dans les Communautés & aux maiſons des Particuliers, que par nos Ordonnances. Que ledit Adjudicataire ne pourra rien prétendre des bancs, êtaux, ſaillies & auvans devant les maiſons, & dans les ruës, places, ni troubler les Poſſeſſeurs d'iceux, comme n'étant point en cette Province de la qualité, ni au cas portés par les Ordonnances du Roi. Que notre Ordonnance du 25. Octobre 1668, concernant les eaux, ſera exécutée ſuivant ſa forme & teneur, ſauf titre, poſſeſſion ou preſcription au contraire: Qu'il ne ſera fait aucune récherche pour raiſon des aliénations faites par les Comtes de Provence, trente années avant l'union de la Comté à la Couronne, conformément à l'Arrêt du Parlement rendu ſur la vérification des Lettres patentes du Roi en faveur de la Nobleſſe, du mois de Juin 1668. Que les Communautés qui poſſédent des biens non Nobles, mouvans de la Directe de quelque Seigneur particulier, ne pourront être récherchés pour aucun Droit d'indemnité en faveur de Sa Majeſté. Que les Communautés qui tiennent de leurs Seigneurs des Biens nobles, faisant partie du Fief, moyénant une pension réservée audit Seigneur, ne pourront pareillement être récherchés par ledit Adjudicataire, fors en cas de fraude faite au Fief dominant. Que le droit d'indemnité tenant lieu de lods pour les Gens de Main-Morte, ne pourra être payé, sçavoir, ledit droit entier que de 20. en 20. ans, & le demi mroit que de 10. en 10. ans. Que les vieux & nouveaux Adjudicataires du domaine, feront enrégistrer, si fait n'a été leurs Baux au Greffe de notre Commission, & les Procurations par eux faites à leurs Commis sur les lieux. Et pour ce qui regarde le remboursement de la Finance en faveur des Communautés qui ont été, ou seront depossédées des Biens & droits dont elles étoient engagistes : Nons avons renvoyé lesdits Procureurs du Pays, & lesdites Communautés au Roi pour y être pourvû. Fait à Lambesc le 21. Janvier 1670, signés *Oppede*, *Guidy*.

La disposition concernant les avancemens dans les ruës, fut reformée. L'on en trouve la preuve dans l'abonnement fait par l'Arrêt du Conseil du 19. de Juin 1691, il y est dit, que les droits de Régale compris dans cet abonnement, consistent, *aux caves, avancemens & auvans bâtis, sous ou dans les ruës, & aux plantemens d'arbres dans les lices, fossés, & le long des grands chemins, la faculté de se servir de l'eau des Rivières pour arroser les prés, terres & jardins.*

TITRE V.

DU DROIT DE PE'AGE.

I.

POUR pouvoir joüir du Droit de Péage établi 100. ans avant 1669, ou depuis, il faut rapporter un Titre primordial, ou concession expresse. A l'égard de ceux dont l'établissement remonte à un tems plus réculé, les Actes probatoires d'une possession non interrompuë, suffisent.

Ordonnance de 1669. tit. des Droits de Péage, travers, & autres.

II.

Les concessions de Péage doivent être confirmées à chaque avénément à la Couronne.

Arrêts du Conseil des 29. d'Août 1724, & 20. d'Avril 1725.

III.

Le Péage étant un Droit purément Royal, il n'y a pas d'autres Titres à admettre que ceux qui sont émanés du Souvérain lui-même.

Ainsi les Seigneurs ne peuvent pas l'établir par des Baux

à Fief, conventions, ou autres Titres particuliers. La Roche-Flavin pag. 557. En Provence il y a un Statut rapporté par Mourgues pag. 367, & qui le décide expreſſément.

IV.

Le Droit de Péage doit être perçu ſur les lieux pour leſquels il eſt accordé.

Déclararion du 31. de Janvier 1663.

V.

Les Propriétaires du Droit de Péage ſont chargés de l'enttetien, & réparations des chemins.

Edit du mois de Septembre 1535. Les déniers du Péage du Roi & des Seigneurs, ſeront employés aux réparations des ponts, chauſſées, paſſages, & chemins des lieux, & diſtricts auxquels leſdits Péages ſont cueïllis & lévés, afin qu'on puiſſe y paſſer ſans danger ni incommodité ; leſquelles réparations ſeront faites par ordre des Baillifs, Sénéchaux & autres Juges reſſortiſſans au Parlement, ou leurs Lieutenans ; appellés les Avocats, ou Procureurs du Roi, les Poſſeſſeurs deſdits Péages, & Gens experts qu'ils commettront.

Déclaration du 31. de Janvier 1663. Dans le réglément fait en 1687, pour les réparations des ponts & chemins de Provence, il y a un article conçu en ces termes; *s'il y a des ponts à conſtruire, & des ponts & chemins à réparer dans un Terroir, où il ſe léve des Droits de Péage, ce ſera aux fraix des Propriétaires deſdits Péages, même des Fermiers du Roi, ſous ſon bon plaiſir, exigeant des Péages, ſans que la Province y ſoit en rien contribuable, ni les Villes & Viguéries, ſuivant les Ordonnances & le Réglement du Roi du mois de Jauvier 1663, ni que la Province, Communautés ou Viguéries, en puiſſent faire aucune avance en cas de réfus ou de négligence du Péager.*

VI.

Les Habitans du voiſinage peuvent contraindre le Seigneur Péager, à entretenir & réparer les chemins.

Ordonnance d'Orleans art. 107. En Provence les Procureurs du Pays, ont le droit, en cas de négligence de la part des Seigneurs Péagers, de faire les réparations aux dépens de ces mêmes Péagers. Il a été rendu à ce ſujet pluſieurs Ordonnances par Mr. l'Intendant, & entr'autres une du 4. de Mai 1724, conçuë en ces termes. *Nous enjoignons à tous les Seigneurs Péagers de cette Province de faire procéder dans la quinzaine à compter du jour de la Signification de notre Ordonnance, aux réparations à faire aux chemins qui traverſent les Terroirs de leurs Fiefs, ſinon & à faute de ce faire, permettons aux Procureurs du Pays de faire publier, & adjuger leſdites réparations ſur les Dévis qui ſeront dreſſés par Valon Architecte de la Province, & de faire ſaiſir les rentes & révénus deſdits Seigneurs, pour le prix deſdites réparations, ſi mieux n'aiment leſdits Péagers abandonner leurs Droits de Péage à ladite Province, ce qu'ils ſeront obligés de déclarer daus la huitaine du jour de la Signification qui leur ſera faite du Dévis.*

VII.

Les Propriétaires des Droits de Péage doivent faire afficher ſur un pilier, ou autre endroit éminent le tableau ou pancarte, contenant le Tarif des Droits, & prépoſer une perſonne qui en exigeant les Droits, inſtruiſe les Paſſans; & faute par eux de ſatisfaire à cette obligation, les Paſſans ſont diſpenſés du payement de ces mêmes Droits.

Arrêt de réglément du 5. Septembre 1662. L'Ordonnance de 1669. tit. *Des Droits de Péage* art. 7, prescrit la nécessité de la pancarte.

VIII.

La privation du Droit de Péage est la peine du Propriétaire convaincu de surexactions ; les Fermiers ou Préposés qui ont commis ces surexactions, doivent être punis corporellement.

Telle est la disposition de l'art. 138. de l'Ordonnance d'Orleans ; mais elle n'est pas suivie à la rigueur. Il y a un Arrêt du 10. de Décembre 1678, par lequel Maître Beraud Procureur du Roi en la Justice de la Ville des Mées, & Propriétaire du Droit de Péage, fut déclaré atteint & convaincu du crime de surexaction, & condamné à une amende de 300. liv. envers le Roi, à une autre de 600. liv. envers la Communauté qui l'avoit accusé ; & à la restitution des sommes surexigées, modérées à 300. liv., & appliquées à l'Hôpital St. Jacques de la Ville d'Aix.

Ce crime est puni plus sévérement par la Loi unique *cod. de superexactionibus*, & par la Loi dernière *cod. vectigalia nova institui non posse*. L'Empereur Constantin s'epxlique en ces termes dans celle-ci *rei tanti criminis perpetuo exilio puniantur*.

IX.

Les Voituriers, leurs Garçons & Compagnons, & autres de qui le Péager a surexigé, sont Témoins légitimes dans l'information.

Art. 5. de la déclaration du 8. de Février 1666.

X.

X.

La peine de ceux qui fraudent le Droit de Péage, est la confiscation, non seulement des marchandises sujettes au payement de ce Droit, mais encore de celles qui en étoient exemptes.

Lebret trait. *de la Souveraineté* liv. 2. ch. 16.

XI.

La largeur des chemins, autres que les Voisinaux & les simples Sentiers, doit être au moins de seize pans, aux endroits où l'on peut leur donner cette largeur; & elle doit être doublée, s'il est possible dans les contours.

Art. 31. du réglement de 1687; fait pour la Provence, & autorisé par Arrêt du Conseil du 25. de Février 1689.

XII.

Les Propriétaires des Terres voisines des chemins, sont obligés de tenir les fossés qui les bordent, d'en detourner les eaux, & d'ôter les pierres mouvantes qui sont à leur frontière.

Art. 7. du même réglement. Ordonnance de Mr. l'Intendant du 30. de Juin 1705.

XIII.

Il est permis aux Ouvriers chargés des réparations des ponts & chemins, de prendre dans les champs voisins, les pierres & graviers qui leur sont nécessaires, sans que les Propriétaires en puissent rien prétendre, lorsque ces pierres & graviers leur sont inutiles.

Ordonnance de Mr. l'Intendant du 5. de Juillet 1700.

XIV.

Le Droit de Pulverage que l'on exige dans plusieurs Fiefs de Provence, ne doit pas être confondu avec le Droit de Péage, ni compris parmi les Régales.

Il est acquis aux Seigneurs comme un Droit de Fief, indépendant de tout Titre, & imprescriptible par le seul défaut d'exaction. Arrêt du 11. de Décembre 1684, rapporté par Boniface tom. 4. liv. 3. tit. 7. ch. 3. Arrêt rendu en 1750, en faveur du Seigneur de Pontis dont le Péage avoit été supprimé par Arrêt du Conseil; & à qui l'on avoit refusé depuis, le payement du Droit de Pulverage.

L'on m'a dit que ceux contre qui cet Arrêt fut rendu, se sont pourvûs au Conseil, en cassation. Comme c'est une affaire qui intéresse tous les Seigneurs féodataires de la Province, leurs Sindics ne devroient pas rester dans l'inaction. Le Droit de Pulverage qui tire son nom, *à pulvere*, a été accordé ou confirmé, comme une espèce de dédommagement, par un Statut rapporté par Mourgues pag. 368.

L'on a douté, si sous le mot *Avers*, employé dans ce Statut, on ne devoit comprendre que les seuls troupeaux de brebis & moutons. Le Seigneur de Montpezat, ayant fait saisir des bœufs, appartenant à des Particuliers de la Ville de Digne, qui alloient les vendre à la foire de Barjolx, il fut déliberé dans l'Assemblée générale des Communautés, tenuë en 1691, d'intervenir pour l'intérêt général de la Province, dans le procès auquel cette saisie donna lieu. J'ignore quel fut le Jugement.

TITRE VI.

DES RIVIERES, ISLES ET ATTERRISSEMENS.

I.

LES Rivières navigables, portant bateaux de leurs fonds sans artifice & ouvrage des mains, font partie du Domaine de la Couronne.

Ordonnance de 1669. tit. *de la police & conservation des forêts, eaux & Rivières* art. 41.

II.

Les Isles, Islots, Atterrissemens de ces Rivières, le Droit d'y prohiber la pêche, & la construction des moulins, d'en dériver les eaux, le Péage, passage, Droits des Bacs, bateaux, appartiennent aussi au Roi; mais les Seigneurs, & même les Particuliers peuvent les posseder en vertu des Titres de concession ou d'une possession légitime.

Même article de l'Ordonnance de 1669. Déclaration du mois d'Avril 1683; autre du mois de Décembre 1693.

III.

Les Possesseurs de ces Isles, Atterrissemens & autres Droits, ont été confirmés dans leurs possessions, en payant au Roi le 20. de la valeur, & une redevance annuelle de 5. s. par arpent des biens fonciers, & pareille redevance sur chaque Droit de pêche, Péage, passage, ponts, moulins, Bacs.

Mêmes Déclarations citées sur l'article précédent.

IV.

Les Seigneurs ont été maintenus dans la perception des censives, lods, rentes Seigneuriales ou foncières, en payant le 10. de la valeur en fonds.

Déclaration du mois de Décembre 1693.

V.

Un Terrain qui a été inondé, & a fait partie de la Rivière navigable pendant plus de 10. ans, appartient au Roi, lorsque l'eau vient à se retirer, quoique l'ancien Propriétaire ait conservé la motte-ferme.

Ainsi jugé par Arrêt du Conseil du 10. de Février 1728. contre les P. P. Chartreux de Ville-Neuve Lez-Avignon.

Je doute que cette décision pût fournir un préjugé en faveur des Seigneurs. Elle paroit diamétralement opposée à cette régle retracée par Loisel dans ses institutions coutumières liv. 2. tit. 2. *La Rivière ôte & donne au Seigneur leur Justicier, mais motte-ferme demeure au Seigneur très-foncier.*

VI.

Les Rivières non navigables, ruisseaux & sources, étant aux Terres gastes & incultes, & autres lieux publics, appartiennent aux Seigneurs Hauts-Justiciers.

Il y a des coutumes qui en donnent la propriété aux Seigneurs des Fiefs préférablement aux Seigneurs Justiciers. Guiot dans ses dissertations sur les matières féodales tom. 5, rappelle la disposition de ces coutumes.

Le Droit commun est pour le Seigneur Haut-Justicier, & la question s'étant présentée entre le Sieur de Ville-Neuve & le Sieur de l'Isle de Taulanne Cosseigneur de Seranon, il fut jugé par Arrêt de la Chambre des Eaux & Forêts, rendu en 1754. que le Droit de pêche qui est une dépendance de la propriété des Rivières, étoit attaché à la Haute Justice. Le Sieur de Ville-Neuve prétendoit qu'étant seul Possesseur de la Directe universelle, il devoit joüir seul du Droit de pêche.

VII.

L'on ne peut pas prescrire par la possession même immémoriale contre le Seigneur Haut-Justicier, la faculté de la pêche dans les Rivières non navigables, & ruisseaux.

Arrêt rendu en 1736. en faveur du Seigneur de Thorame-la-Basse contre la Communauté du même lieu qui opposoit un Arrêt contraire, lequel avoit admis la preuve de la possession en faveur de la Communauté de Bras.

Le Seigneur de Thorame n'avoit pas les Régales, il

étoit prouvé qu'elles étoient possédées par la Communauté elle-même à titre d'engagement. Mais il soutenoit qu'étant Seigneur Haut-Justicier, & fondé en Directe universelle, il avoit la propriété des eaux publiques.

VIII.

Il n'est pas permis de prendre des pierres & du sable dans la Rivière sans le consentement du Seigneur.

Arrêts du Parlement de Dijon, rapportés dans la Pratique des Terriers tom. 4. pag. 484.

IX.

Le Seigneur peut affermer, céder, aliéner même sans aucun démembrement de la Justice, la faculté de pêcher; mais si c'est une Communauté d'Habitant qui en acquiert la possession, il faut que cette même faculté soit affermée.

Il n'en est pas de la pêche comme de la chasse, qui ne peut être affermée, ni permise à des Roturiers, voyez ci-dess. tit. de la chasse. Si tous les Habitans usoient de la faculté, la Rivière seroit bientôt dépeuplée.

L'Ordonnance de 1669. tit. *des bois, prés, marais, appartenans aux Communautés*, impose l'obligation d'affermer.

Arrêt du 8. de Février 1689. dans le Journal des Audiences.

X.

Les Isles qui se forment, & naissent du lit même de la Rivière non navigable, appartiennent au Seigneur Haut-Justicier. Mais le Terrain que le partage de la Rivière laisse entre ses deux bras, ne forme pas une Isle, & il ne cesse pas d'appartenir à l'ancien Propriétaire Riverain.

Droit commun. Il est de l'essence d'une Isle qu'elle naisse dans la Rivière, ou soit formée par un amas de gravier & matériaux entraînés par le courant des eaux. *Insula in flumine nata.*

XI.

L'Alluvion, ou Atterrissement qui se forme insensiblement sur les bords des Rivières non navigables, appartient, quant au Domaine utile, au Possesseur des fonds contigus. Le Seigneur y acquiert seulement la Justice & la Directe.

Duperier tom. 1. liv. 2. quest. 3. De-Cormis tom. 2. col. 1195. Boniface tom. 4. pag. 167, où est rapporté un Arrêt qui jugea, que l'Alluvion avoit lieu même dans les champs limités.

XII.

L'Alluvion, ou Atterrissement qui se forme tout à coup *vi fluminis* par un débordement, appartient au Seigneur Haut-Justicier.

Droit commun.

XIII.

Si le champ qui se trouve accru, étoit soumis à une censive ou redevance pour raison de chaque arpent ou autre mesure de Terre, la redevance doit être augmentée à proportion en faveur du Seigneur ; mais si elle a été imposée vaguement pour la totalité du fonds, il n'y a aucune augmentation pour raison de l'accruë.

Arrêt du Parlement de Toulouse du 14. d'Août 1597, rapporté par Maynard liv. 1. chap. 3.

XIV.

Si le champ est soumis à un Droit de tasque ou d'agrier, la partie qui est accruë par l'Alluvion, est aussi assujettie à cette redevance.

Geraud trait. des Droits Seigneuriaux liv. 2. ch. 9.

XV.

Si le Seigneur a un cens universel, le Terrain qu'a donné l'Alluvion, doit être soumis au cens réglé & fixé par la comparaison des fonds voisins.

Ainsi jugé par Arrêt rendu en 1753. en faveur du Seigneur de St. Michel, contre Me. de Beauchamps Lieutenant-Général en la Sénéchaussée de Forcalquier.

XVI.

Le lit que la Rivière abandonne, appartient au Seigneur Haut-Justicier. Mais si après en avoir occupé un nouveau, elle reprend l'ancien;

le Propriétaire Rivérain qui a conservé motte ferme, reprend le Terrain qui lui appartenoit.

Loisel institut. coutum. liv. 2. tit. 2. régle 9., elle a été citée ci-dessus tit. *des Régales* Mr. de Boissieu usage des Fiefs pag. 60., Boutaric dans son traité des Droits Seigneuriaux ch. *des Rivières*.

XVII.

Si la Rivière passe entre les limites de deux différentes Jurisdictions, chaque Seigneur est Propriétaire jusqu'au milieu du courant des eaux, & l'Isle appartient à celui du côté duquel elle s'est formée, & de la Justice duquel elle est plus près.

Loisel instit. cout. liv. 2. tit 2. reg. 12.

XVIII.

Les eaux pluviales ou les ruisseaux qu'elles forment, appartiennent au Seigneur Haut-Justicier, non-obstant toute possession même immémoriale.

Chorrier jurisprudence de Gui-Pape sect. 12. art. 18. *ubi*. Arrêt du Parlement de Grenoble du 9. de Juillet 1672. Basset tom. 2. liv. 3. tit. 7. ch. 1. Jugement des Commissaires délégués pour la renovation du Terrier de Sa Majesté, rapporté par l'Auteur de la Pratique des Terriers tom. 4. pag. 515.

TITRE VII.

DU TRE'SOR TROUVE'.

I.

L'ON entend par Trésor, un dépôt d'or, d'argent, ou autres choses prétieuses, si ancien qu'on n'en ait plus de mémoire.

Leg. 41. ff. de acquir. rer. domin. leg. unic. cod. de Thesauris.

II.

La disposition du Droit Romain qui adjugeoit le Trésor à celui qui l'avoit trouvé dans son propre fonds, & en ordonnoit le partage, lorsque tout autre que le Propriétaire même du fonds, en avoit été l'Inventeur, est encore suivie dans les autres Provinces régies par ce même droit.

Boutaric trait. des Droits Seigneuriaux tit. du Trésor trouvé.
La-Peirere. V°. *Trésor.*

III.

En Provence, nous avons adopté la régle établie dans les Pays coutumiers, le Seigneur Haut-Justicier a la moitié du Trésor, s'il a été trouvé par le Propriétaire du fonds qui en a l'autre moitié, & si la découverte a été faite par un autre, le Trésor est partagé par tiers entre le Seigneur Haut-Justicier, le Maître du fonds, & l'Inventeur.

Il m'a toujours paru étrange de remonter en matière de Fiefs & de Droits Seigneuriaux à la disposition du Droit Romain qui ne les connoissoit pas absolument. A le prendre pour régle à l'égard des Trésors trouvés, il faudroit s'y conformer aussi par rapport à la propriété des Rivières, Epaves, & autres choses que le Droit des Fiefs donne aux Seigneurs Hauts-Justiciers. Or à cet égard la régle est générale, & les Pays régis par le Droit Romain, ont adopté la maxime établie dans les Pays coutumiers.

L'Arrêt rendu le 27. de Mai 1611, entre Madame la Duchesse de Mercœur, & l'Abbé de Mont-Majour, & qui régla les droits du Haut-Justicier, & ceux du Moyen & Bas, déclara *appartenir à ladite Dame en qualité de Haut-Justicier, les confiscations, deshérences, biens vacans, épaves, droit de bâtardise, & Trésors cachés.* Cet Arrêt est rapporté par Bomy dans ses mélanges ch. 6. Pastour *de feudis* lib. 1. tit. 1.

IV.

Si le Trésor a été trouvé à dessein, & non par hazard, l'Inventeur n'a rien à y prétendre.

Leg. unic. cod. de Thesauris. Lebret trait. *de la Souveraineté* part. 2. liv. 2. decis. 4.

V.

L'Usufruitier n'a aucun Droit sur le Trésor; & par la même raison le Mary n'acquiert pas la propriété de celui qui a été trouvé dans le fonds dotal.

Leg. 7. §. 12. *ff. soluto matrim.* Du-Moulin sur la coutume de Paris §. 1. glos. 1. n. 60.

VI.

Le Trésor trouvé dans un chemin ou autre lieu public, appartient par égales portions, ou au Roi, ou au Seigneur Haut-Justicier, & à l'Inventeur.

Bacquet trait. *des Droits de Justice* chap. 32. n. 29.

VII.

Si le Trésor est trouvé dans une Eglise, le Seigneur Justicier n'y a aucun Droit.

Les Auteurs se réunissent à le décider ainsi, mais ils ne sont pas d'accord sur la question, si l'Inventeur doit en avoir une portion.

Lebret *de la Souveraineté* part. 2. liv. 5. decis. 4. Bacquet *des Droits de Justice* chap. 32. n. 29.

VIII.

L'Inventeur a la moitié de celui qui a été trouvé dans un cimetiére public, & l'Eglise l'autre moitié.

Chopin *de Domanio. lib.* 2. tit. 5. n. 12.

IX.

L'action criminelle peut être intentée contre

celui, qui ayant trouvé un Trésor dans le fonds d'autrui, cache cette découverte pour se l'approprier entièrement.

Arrêt du Parlement de Grenoble, rapporté par Basset tom. 2. liv. 7. tit. 10. chap. 1.

TITRE VIII.

DES EPAVES.

I.

LES choſes mobiliaires, & les bêtes, qui ayant eu un maître, ont été égarées, ſont également compriſes ſous le mot d'Epaves.

Ubique paſſim.

II.

Les pigeons, les paons, les abeilles, quoique mis au rang des animaux ſauvages par le Droit Romain, ſont au nombre des Epaves.

La-Place, introduction aux Droits Seigneuriaux pag. 292. Pluſieurs coutumes renferment une diſpoſition expreſſe par rapport aux abeilles.

III.

Les bois à bâtir, à bruler, & autres que les eaux des Rivières & ruiſſeaux entraînent, ſont Epaves, ſi leur maître eſt inconnu; car il eſt permis de les réclamer; & l'on en eſt crû Propriétaire, en affirmant à ſerment qu'on l'eſt.

Ainſi jugé par Arrêt du Parlement de Toulouſe, rapporté par Geraud trait. des Droits Seigneuriaux liv. 3. ch. 5. n. 4.

IV.

Les Epaves appartiennent au Seigneur Haut-Justicier du lieu où elles ſont trouvées.

Bacqnet trait. des droits de juſtice ch. 33. Loiſel inſtitut. cout. liv. 2. tit. 2. reg. 50. Mr. de Boiſſieu de l'uſage des Fiefs ch. 62. Paſtour *de feudis* lib. 1.

V.

C'eſt à l'Uſufruitier & non au Propriétaire des Droits de Juſtice que les Epaves appartiennent.

Taiſand cout. de Bourgogne art. 2.

VI.

L'Epave peut être toujours réclamée tant que les formalités preſcrites pour pouvoir en acquerir la propriété, n'ont pas été remplies.

Livoniere traité des Fiefs liv. 6. ch. 5, croit qu'elle peut l'être pendant 3. ans, eſpace de tems fixé pour la preſcription des choſes mobiliaires ; & même tant que la choſe eſt exiſtante & non conſommée. Cette opinion eſt ſingulière.

VII.

Les formalités ſont la dénonciation ou publication pendant trois Dimanches conſécutifs à l'iſſuë de la Meſſe Parroiſſiale ; & après avoir attendu 40. jours, à compter depuis la première proclamation, ſans que perſonne ait réclamé l'Epave, le Seigneur doit en faire prononcer l'adjudication en sa faveur par son Juge.

Il y a des coutumes qui ne font courir les 40. jours que depuis la dernière publication, mais celle de Paris en fait commencer le cours depuis la première.

VIII.

Si dans cet intervalle, le Propriétaire réclame l'Epave, il doit payer la nourriture, garde & fraix de Justice.

Droit commun.

IX.

L'Inventeur de l'Epave n'y a aucune part, & s'il ne la dénonce, il peut être condamné à une amende.

Droit commun.

X.

Les Enfans exposés sont une espèce d'Epave onereuse, & par l'usage des autres Provinces, les Seigneurs Hauts-Justiciers sont chargés de leur nourriture. En Provence cette charge est rejettée sur les Communautés d'Habitans.

Arrêts rapportés par Boniface tom. 2. liv. 6. chap. 1. L'usage que nous n'avons pas adopté, est fondé sur cette raison, que les Seigneurs Hauts-Justiciers recueïllent la sucession des Bâtards, & de ceux qui meurent sans laisser des Héritiers testamentaires ou légitimes; *ubi emolumentum, ibi onus esse debet.*

TITRE

TITRE IX.

DE LA CONFISCATION.

I.

EN Provence, la Confiſcation n'a lieu qu'en deux cas ; pour crime de Léze-Majeſté, & pour Félonie.

Il n'y a pas été dérogé à la diſpoſition de la novelle 134. de l'Empereur Juſtinien ; & l'on n'y connoit pas cette maxime, dont Loiſel a formé une régle du Droit François ; *qui confiſque le corps, confiſque les biens.*

II.

Lorſque les biens mouvans d'un Fief, ſont confiſqués au profit du Roi, pour crime de Léze-Majeſté, il doit ou vuider ſes mains, ou donner une indemnité au Seigneur.

Boutaric trait. *des Droits Seigneuriaux* tit. *de la Confiſcation.*

III.

Les biens confiſqués au profit du Roi, ſont affranchis de toute charge, telle que Fidei-Commis, droit de retour, hypotéques.

G

Brodeau ſur Loüet let. e. ch. 53. Paſtour liv. 7. tit. 3. Laroche-Flavin liv. 6. tit. 33. n. 4. & Graverol.

IV.

La Confiſcation pour crime de Félonie, eſt autant un droit de Fief que de Juſtice; dans le concours d'un Seigneur Juſticier, & d'un Seigneur Féodataire, les biens ſeront confiſqués au profit de celui envers qui le crime a été commis, à l'excluſion de l'autre.

Voyez la note ſur l'art. ſuivant.

V.

Quoique le Seigneur ou Coſſeigneur Féodataire, envers qui la Félonie a été commiſe, participe auſſi à la Haute-Juſtice; il n'y a de confiſqués à ſon profit que les ſeuls biens mouvans de ſa Directe.

Ainſi jugé par Arret rendu en 1727, en faveur des Créanciers du ſieur B., qui par Arrêt du mois de Mars 1726, fut condamné à la mort pour avoir fait aſſaſſin, & le ſieur Gravier Coſſeigneur de Bauduen. Une partie des biens ſitués dans le Terroir de Bauduen, étoit aſſujettie à la Directe de Mr. l'Eveque de Riez; & il fut jugé que ces mêmes biens n'étoient pas compris dans la Confiſcation adjugée au Fils du ſieur Gravier.

Il y a cependant des doutes à ſe former ſur la juſtice de cette déciſion. Le ſieur Gravier étoit auſſi Seigneur Juſticier; & la portion qu'il avoit en la juſtice, affectoit auſſi ces mêmes biens mouvans de la Directe de l'autre Coſſeigneur. Le ſieur B. n'en eut-il poſſédé aucuns ſous celle du ſieur Gravier, il n'en auroit pas moins été coupable de Félonie; & il n'y avoit aucun préjudice pour l'autre Coſſeigneur dans la Confiſcation des biens ſoumis à ſa Directe ; puiſque celui qui les eut acquis par cette voye, les auroit poſſédé ſous cette même mouvance.

VI.

Les charges impoſées ſur les biens confiſqués au profit du Seigneur, Fidei-Commis, droit de retour, hipotéques, ſubſiſtent.

Ainſi jugé par un autre Arrêt rendu en 1727, après partage en faveur des mêmes Créanciers du ſieur B. ; il n'y a que les biens confiſqués au profit du Roi, qui ſoient affranchis de ces charges. Voyez les Auteurs cités ci-deſſus art. 3., qui établiſſent cette différence. De-Cormis tom. 1. col. 1066.

VII.

Si le Condamné pour crime de Félonie, obtient du Roi des lettres de rémiſſion par juſtice, il rentre dans tous les biens confiſqués même dans ceux qui avoient été aliénés par le Seigneur après la Confiſcation. Si les lettres ont été accordées par grace, il ne reprend que les biens extans.

Voyez ſur cette différence entre *reſtitutionem juſtitiæ*, & *reſtitutionem gratiæ* l'art. XXXVI. du tit. II.

VIII.

Le Seigneur en faveur de qui les biens ont été confiſqués pour crime de Félonie, eſt recevable à s'oppoſer à l'entérinement des lettres de grace.

J'ai cité sur l'art. XXXVIII. du titre de l'administration de la justice, des Arrêts qui déclarérent le Seigneur non recevable. Mais là il ne s'agissoit pas comme partie, & seulement par rapport à l'amende prononcée en faveur de sa justice; au lieu qu'ici, il est lui-même la partie offensée.

IX.

Le lien de Vassellage rend le crime de Félonie respectif entre le Seigneur & le Vassal. En cas d'excès graves, ou vexations commises par le Seigneur envers le Vassal, il perd à jamais tout droit de mouvance sur les biens de celui-ci, qui est aussi affranchi de la Jurisdiction Seigneuriale, & soumis à celle du Juge Royal plus prochain pendant sa vie.

Pastour lib. 7. tit. 4.

Arrêt rapporté par Boniface tom. 4. liv. 1. tit. 6. ch. 1., & qui condamna pour excès graves & réiterés le Seigneur de Montpezat à être banni à perpétuité, de la Ville d'Aix, de son Fief de Montpezat, & de la Viguérie de Moustiers; le déclara indigne de posséder des Fiefs à l'avenir, le priva de sa jurisdiction, sa vie durant, & ordonna qu'elle seroit exercée par le Juge Royal de Moustiers.

TITRE X.

DU DROIT DE BÂTARDISE, ET DU DROIT DE DE'SHE'RENCE.

I.

LE Seigneur Haut-Juſticier recuëille la Succeſſion du Bâtard, mort ſans teſtament, ſans enfans, & ſans Femme.

Droit commun. Le Bâtard peut diſpoſer de ſes biens, par actes entre-vifs, ou par teſtament. S'il meurt ſans teſtament, mais laiſſant des Enfans nés de légitime mariage, ils lui ſuccédent ; au défaut d'Enfans ſa Femme recuëille, en vertu de l'Edit du Prêteur *unde vir & uxor*, à l'excluſion du Seigneur Haut-Juſticier.

II.

Trois conditions ſont néceſſaires pour l'exercice de ce Droit. 1°. Que le Bâtard ſoit né dans le Diſtrict de la Juſtice. 2°. Qu'il y eut ſon domicile. 3°. Qu'il y ſoit mort : une de ces trois conditions manquant, le Roi exclud le Seigneur Haut-Juſticier.

Boutaric trait. des Droits Seigneuriaux, titre du droit de bâtardiſe.

III.

Dans le doute, ſur le lieu de la naiſſance,

on présume que le Bâtard est né dans l'étenduë de la Justice où il étoit domicilié, & où il est mort.

Boutaric *ibid.*

IV.

Le Seigneur ne succéde qu'aux biens situés, ou trouvés dans l'étenduë de sa Jurisdiction. Le Roi a les autres ; les Seigneurs où se trouvent ces biens ne pouvant réunir les trois conditions.

Bacquet trait. *du droit de bâtardise* part. 1. ch. 8. n. 18., & trait. *des droits de justice* ch. 23. n. 3.

V.

Le Roi réclamant la Succession du Bâtard, qui pourroit appartenir par Droit de Déshérence au Seigneur Haut-Justicier, doit prouver la bâtardise.

Arrêt du 18. de Septembre 1688, rapporté par Boniface tom. 4. liv. 1. tit. 1. ch. 2. Quoique cet Arrêt ait été rendu en faveur d'un Particulier qui comme se prétendant légitime Successeur, soutenoit que le Défunt n'étoit pas Bâtard, sa décision peut s'appliquer au cas posé dans cet Art.

VI.

Lorsque le Roi acquiert par droit de Bâtardise ou Déshérence des biens situés dans un Fief, cette acquisition ne les affranchit pas des

Droits Seigneuriaux auxquels ils étoient ſoumis.

Arrêt du 26. de Mai 1626, rapporté par Boniface tom. 1. liv. 3. tit. 1. ch. 3. Les biens acquis au Roi, avoient été adjugés aux enchéres ; le Ceſſionnaire du retrait féodal expulſa l'Acquereur.

VII.

Le Seigneur Haut-Juſticier ſuccéde à ceux qui mourant ſans teſtament, ne laiſſent aucuns parens habiles à ſuccéder.

Droit commun.

VIII.

Le Droit de Déshérence eſt exclus par la Succeſſion introduite entre Mari & Femme, par le Droit Romain, en défaut de parens.

Boutaric trait. *des Droits Seigneuriaux* tit. *du Droit de Déshérence.* Même raiſon de décider qu'à l'égard du Droit de Bâtardiſe.

IX.

La parenté exiſte à l'effet de ſuccéder *ab-inteſtat*, au-delà du dixiéme dégré ; tant que la ligne n'eſt pas éteinte.

Ceux qui ont expliqué ces expreſſions employées par l'Empereur Juſtinien *agnationis jure admitti aliquem ad hæreditatem, etſi decimo gradu ſit*, comme déſignans qu'il n'y avoit plus de parenté au-delà de ce dégré, ne ſe ſont pas apperçu que le 10e. degré n'eſt propoſé là que par forme d'exemple, & non par limitation.

X.

Si les biens de la Succeſſion tombée en Déſhérence, ſont ſitués ou trouvés en différentes parties, chacun des Seigneurs Hauts-Juſticiers recueïlle ceux qui ſont de ſon Diſtrict, & contribuë à proportion au payement des dettes.

Lebret trait. *de la Souveraineté* liv. 3. ch. 13. De-Cormis tom. 1. col. 1097.

TITRE XI.

DE L'HOMMAGE.

I.

LEs Habitans en particulier, & l'universalité représentée par les Consuls de la Communauté, doivent au Seigneur Haut-Justicier l'hommage & serment de fidélité.

Dupérier tom. 1. liv. 2. quest. 22. De Cormis tom. 1. col. 905. Arrêt du 16. de Mars 1665. rapporté par Boniface tom. 1. liv. 3. tit. 3. ch. 3.

II.

Le droit que le Seigneur a de l'exiger est une dépendance de la Justice, & n'affecte que ceux qui sont soumis à cette même Justice.

Ainsi les possédans biens, domiciliés ailleurs, & que l'on appelle *Forains*, n'y sont pas soumis.
Dupérier tom. 1. liv. 2. quest. 22.

III.

La possession peut autoriser le Seigneur, à imposer aussi aux Forains cette obligation.

Même Arrêt du 16. de Mars 1665. cité-dessus n. 1.
Il fut réservé au Seigneur de prouver par des hommages que les Forains y étoient soumis ainsi que les Habitans.

J'ai vû un Arrêt du Parlement de Grenoble rendu dans un Procès évoqué, & qui condamna les Forains du lieu de Valerne, à prêter Hommage & serment de fidélité.

IV.

On ne peut s'affranchir de ce devoir par la seule possession ; mais seulement par la prescription dont le Vassal ouvre le cours par une dénégation.

Arrêt du 2. de Mars 1642. rapporté par Dupérier tom. 2. pag. 441.

Autre Arrêt rendu par le Parlement de Toulouse, dans une cause évoquée, & cité par De-Cormis tom. 1. col. 908.

V.

L'Hommage doit être prêté en la forme la moins rude, debout & découvert, s'il n'y a ni titre, ni possession qui ait assujetti les Vassaux à le prêter à genoux.

Arrêt rendu par des Commissaires délégués le 15. d'Avril 1711., entre le Seigneur, & la Communauté de Rougiers. » Ordonnons que les Consuls du susdit lieu, tant » audit nom qu'en leur propre, & les Manans & Habi» tans du même lieu, prêteront serment de fidélité, & » hommage audit de Valbelle, & Successeurs dans sa » Maison Seigneuriale, debout, & tête nuë, sans gands, » sans manteau, & à leurs dépens à la première réquisi» tion qui leur en sera faite. »

Duperier tom. 1. liv. 2. quest. 22.

VI.

Les anciens hommages doivent servir de régle par rapport à la forme en laquelle l'hommage doit être prêté.

Duperier tom. I. liv. 2. quest. 22. De-Cormis tom. I. col. 906. Arrêt du 16. de Mars 1665, entre le seigneur, & la Communauté de Puiloubier. Mais cela doit être entendu du cas, où il n'y a point de titre primordial qui ait réglé cette forme. Car s'il y en a un, il doit prévaloir, par la même raison qui ne donne aux dénombremens ou reconnoissances, le caractére & l'effet du titre, qu'autant qu'on ne voit pas l'Acte de nouveau Bail. *Semper vigilat, semper clamat.*

Coquille tit. *des Fiefs* art. 1., dit que la coutume de Paris forme une régle presque générale, en prescrivant la nécessité de prêter l'hommage à genoux. Du-Moulin blâme cette forme ; & Mr. de Boissieu dans son traité *de l'usage des Fiefs.* ch. 4., dit que cette sorte de respect, n'est dûë qu'au souverain, parce qu'il représente la Puissance de Dieu sur la terre ; mais il convient que s'il y a titre ou coutume, il faut s'y tenir.

Les Possesseurs des Fiefs mouvans du Comté de sault, prêtent l'hommage-lige, sa Majesté exceptée ; ils le prêtent à genoux devant le Lieutenant au siége de ce Comté, tête découverte, & ayant les mains jointes, entre celles du Lieutenant, sans ceinture, ni épée, donnent & reçoivent le baiser.

VII.

L'hommage ne peut être prêté, ni reçu par Procureur.

C'est la régle générale, & le droit commun. Duperier tom. I. liv. 2. quest 22. De-Cormis tom. I. col 848. ; mais il y a des exceptions. Ainsi les Religieuses qui ne peuvent sortir de leurs Cloîtres, le prêtent par Procureur. Il y a même des Auteurs, qui décident, que le seigneur peut le recevoir par Procureur. Mais ils veulent, que la qualité du Procureur soit proportionnée à celle du Vassal. La-Peyrere dans ses décisions. lett. H. n. 33.

VIII.

Si le Vassal est dans un état perpétuel d'inhabilité à prêter lui-même l'hommage, tel que le furieux ou l'imbécille d'esprit, le Seigneur doit le recevoir du Tuteur ou Curateur.

De-Cormis tom. 2. col. 4.

IX.

L'hommage doit être prêté dans le Château, ou principal Manoir, & s'il n'y en a point, dans tel lieu qu'il plaît au Seigneur d'indiquer, pourvû qu'il soit dans le District de sa Justice.

Droit commun. *Journal des Audiences* tom. 5. liv. 11. ch. 11. Gui-Pape quest. 164. Livoniere trait. *des Fiefs.* liv. 1. ch. 6.

X.

C'est au Propriétaire, & non à l'Usufruitier, que l'hommage doit être prêté.

Droit commun. Bacquet trait. *des droits de justice* ch. 12. n. 14.

XI.

Le Mari peut recevoir l'hommage, & le prêter pour les Fiefs & biens dotaux, sans procuration spéciale de sa Femme.

Droit commun. Chopin sur la coutum. d'Anjou liv. 2, tit. 2. n. 1.

XII.

Il doit être renouvellé à chaque mutation de Vassal & de Seigneur.

Droit commun. Boutaric trait. *des Droits Seigneuriaux* tit. *de la foi & hommage.*

TITRE XII.

DE LA CHASSE.

I.

LA Chasse est autant un droit de féodalité que de Justice : le Seigneur Haut-Justicier en jouït dans le district de sa Jurisdiction, quoiqu'il n'y ait ni fief, ni censive ; & le Seigneur féodal, ou les Seigneurs féodaux, s'il y a plusieurs fiefs dans cette même Justice, en jouïssent aussi chacun dans l'étenduë de leur fief.

Ordonnance de 1669. tit. des Chasses art. 26.

II.

Dans le même cas de la division de la Justice & du fief, le Seigneur Haut-Justicier n'a que le droit de Chasser en personne dans le fief, sans pouvoir y envoyer chasser des domestiques ou autres personnes de sa part.

Même art. de l'Ordonnance. Voyez ci-dessous art. IV. aux nottes.

III.

Le moyen & Bas-Justicier ainsi que le possesseur d'un arrière-fief ont droit de Chasser

& de prohiber la Chasse ; le Seigneur direct sans aucune participation à la Justice ou au fief ne jouït pas du même avantage.

Mr. de la Roche-Flavin trait. *des Droits Seigneuriaux* ch. 28. art. 3. rapporte un Arrêt du Parlement de Toulouse qui jugea que les Seigneurs moyens & Bas-Justiciers & les Seigneurs directs pouvoient Chasser sur leurs Terres ; Mais nos usages sont contraires par rapport au Seigneur qui n'a que des directes.

L'Ordonnance de 1669. exige une participation à la Justice ou à la féodalité ; & la simple directe n'a rien de commun avec l'une ni l'autre.

Les moyens & Bas-Justiciers & les possesseurs des arrière-fiefs ont contribué & payé leur contingent pour l'acquisition ou réunion des offices des Juges Gruyers aux Justices Seigneuriales.

Arrêt du mois d'Avril 1716. en faveur du sieur Brunet d'Estoublon.

Autre Arrêt obtenu en 1734. par le sieur Senchon possesseur d'un Arrière-Fief dans le fief de Noves.

Autre Arrêt rendu en 1740. en faveur du sieur Jaufret de Baumelles.

Autre Arrêt obtenu par le sieur Pagi de Valbonne pour l'Arrière-Fief de Jannet situé dans la Principauté de Lambesc. Tous les Arrêts ont jugé non-seulement que les possesseurs des Arrière-Fiefs avoient droit de Chasser. Mais encore qu'ils peuvent prohiber la chasse.

IV.

Le Seigneur Haut-Justicier de qui l'Arrière-Fief releve, peut seul y Chasser ; & ses Enfans même ne jouissent pas de ce droit.

Arrêt du 14. de Décembre 1710. rapporté par Bonnet let. C. ch. 3. qui confirma la procédure criminelle faite sur la plainte du sieur Duranti de Bon-recueil, contre les fils du Seigneur du fief de Süe, de qui l'Arrière-Fief de Bon-recueil releve.

V.

Le privilége accordé par les Ordonnances aux Nobles de pouvoir Chasser, ne peut être exercé dans les Terres des Seigneurs.

Tel a toujours été l'usage observé en Provence. Déclaration du 7. de Mars 1733. art. 2.

VI.

Tout Cosseigneur, quelque petite que puisse être la portion pour laquelle il participe à la Justice, Chasse & peut prohiber la Chasse dans l'étendue de cette même Justice.

Nos usages sont à cet égard contraires à la disposition de l'art. 27. du tit. *des Chasses* de l'Ordonnance de 1669.

Il y est décidé que si la Justice est divisée en Portions inégales, celui qui posséde la plus grande Portion a seul droit de Chasser, & si elles sont égales, le droit est acquis au possesseur de la Portion qui procéde du partage de l'ainé.

Arrêt du 22. de Septembre 1663. rapporté par Boniface tom. 4. liv. 2. tit. 4. ch. 5.

Arrêt du 24. d'Octobre 1689. pour les Cosseigneurs de Pontevés.

Arrêt du 4. de Juillet 1720. pour les Cosseigneurs de Collobrières.

Arrêt du 25. de Mai 1726. pour les Cosseigneurs de Pierre-Feu.

VII.

Tous les Copropriétaires du fief peuvent non-seulement y Chasser; mais encore y faire Chasser par leurs domestiques.

L'Ordonnance

L'Ordonnance de 1669, interdit au ſeul Seigneur Haut-Juſticier le droit de faire Chaſſer dans le Fief mouvant de ſa Juſtice, & qui appartient à un autre Seigneur, il ne peut que Chaſſer en perſonne.

Il n'en eſt pas de même du Seigneur du Fief ; la Chaſſe eſt à ſon égard un droit utile, il peut faire Chaſſer ſes Domeſtiques ; & comme malgré la diviſion du fief en pluſieurs Portions, c'eſt toujours un ſeul & même fief, chacun des Coſſeigneurs à droit de Chaſſer & de faire Chaſſer dans toute l'étendue du fief.

Les Arrêts cités ſur l'article précédent reçoivent encore ici leur application.

VIII.

Les Coſſeigneurs doivent déclarer annuellement au Greffe de la Juriſdiction, quel ſera le Domeſtique qui Chaſſera pour eux ; & en cas de révocation ou de congé, la Déclaration doit être renouvellée par celui qui le remplace.

Telle eſt la diſpoſition de l'Arrêt du 24. d'Octobre 1689. cité ci-deſſus art. 6. ; & elle a eu pour objet de prévenir les abus, que l'on pourroit faire en transformant en Chaſſeur Domeſtique une autre perſonne à qui l'on auroit donné la permiſſion de Chaſſer.

IX.

Le Seigneur Suzerain, peut Chaſſer en perſonne dans le fief, & Haute-Juſtice qui relève de lui.

Code *des Chaſſes* tom. 1. pag. 460.

X.

Les Seigneurs Hauts-Juſticiers qui ne peuvent par leur état, tels que les Ecclésiastiques, les Femmes, ou par leur âge & infirmités, Chasser en personne, peuvent faire Chasser un Domestique.

Ordonnance du 3. de Mars 1604.
Déclaration du 26. de Mai 1701.

XI.

Les Seigneurs Hauts-Justiciers ou Féodataires ne peuvent acquérir, même par la possession immémoriale, le droit de Chasser sur les Terres de leurs voisins.

Arrêt du Parlement de Toulouse, rapporté par Graverol dans ses Observations sur l'art. 3. du ch. 28. du Traité de Mr. de la Roche-Flavin. Pratique des Terriers tom. 4. tit. *de la Chasse* quest. 15.

XII.

Il n'est pas permis aux Seigneurs d'affermer la Chasse. Mais les Communautés d'Habitans sont non-recevables à demander contre leurs Seigneurs des défenses de passer de pareils Baux.

Arrêt du 19 d'Août 1706. qui rejette la Requête présentée par la Communauté de Cabasse, pour obtenir de semblables inhibitions; & qui néanmoins fait défenses aux Religieuses Benédictines à qui cette Terre appartient d'affermer la Chasse.

Il y a deux Arrêts plus anciens; l'un du 23. d'Avril 1695. rendu contre le Chapitre de l'Eglise Cathédrale de Marseille, Seigneur d'Allauch, & l'autre du 24. d'Avril 1706. contre les Seigneurs de Fabregues.

Arrêt du Conseil du 30. de Septembre 1722. qui défend à tous les Seigneurs Laïques & Ecclésiastiques du Royaume d'affermer la Chasse sur leurs Terres & Domaines; & à toute sorte de personnes de la prendre à ferme & redevance.

XIII.

Les Seigneurs ne peuvent pas accorder à des Roturiers la permission de Chasser.

Arrêt du 17. de Juin 1687. qui défend aux Cosseigneurs de Rustrel d'accorder de semblables permissions.

Arrêt du 6. de Juin 1693 rapporté par Bonnet let. C. art. & qui confirma une procédure criminelle instruite sur la plainte du Seigneur de S. Michel contre des particuliers à qui un Cojusticier avoit permis de Chasser. Ce même Arrêt fit défenses à tous les Seigneurs de la Province d'accorder de semblables permissions.

La Chasse est absolument défendue aux Roturiers. Ordonnance de 1669. tit. *des Chasses* art. 28. Elle n'a fait à cet égard que renouveller les anciennes Ordonnances de François I., d'Henri III., d'Henri IV., & de Louis XIII.

XIV.

Les transactions par lesquelles les Communautés d'habitans ont acquis le droit ou faculté de Chasser sont nulles, quelque longue & paisible qu'en ait été l'exécution.

C'est-là une suite du principe retracé dans le précédent Art.

Ordonnance de François I. du 6. d'Août 1533.

Arrêt du Parlement de Dijon où le Procès avoit été évoqué rendu le 9. d'Août 1679. entre le Seigneur & la Communauté de Boulbon.

Arrêt du 20. de Juin 1714. entre le Seigneur & la Communauté du Puget Roustan. Cet Arrêt confirma la procédure criminelle faite à la poursuite du Seigneur, quoique l'on eut Chassé sur la foi d'une transaction par laquelle on avoit accordé aux habitans la faculté de Chasser.

Arrêt du 7. d'Août 1724. entre le Seigneur & la Communauté de Trans.

Il y en a plusieurs autres pour les Seigneurs de Tretz d'Eyragues, de la Verdière, de Grambois, de Velaux, de Mons, du Cannet, &c.

Par un Jugement de Commissaires, délégués par Arrêt du Conseil, & rendu le 14. d'Août 1704. la Communauté de la Verdiére fut déboutée de la Requête qu'elle avoit présentée pour être maintenue dans la faculté de Chasser suivant une transaction de 1313.

Ce même Jugement renferme cette clause qui me paroît plus conforme à l'équité que la disposition de l'Arrêt qui jugea, que le Seigneur du Puget Roustan avoit pu intenter l'action criminelle, *sans néanmoins que pour le passé le Seigneur puisse poursuivre les contrevenans.*

XV.

Le Fermier Judiciaire ne peut Chasser, ni faire Chasser sur les Terres comprises dans son Bail.

Cela a été jugé ainsi par deux Arrêts du Parlement de Paris, l'un du 14. de Février 1698. & l'autre du 14. de Février 1718. rapportés par Ferrières dans son Dictionnaire de Pratique, sous le mot *Chasse*.

XVI.

Le Seigneur ne peut poursuivre dans la Terre d'un autre Seigneur, le Gibier qu'il a fait lever dans la sienne.

Boutaric trait. *des droits Seigneuriaux*, tit. *de la Chasse*, rapporte un Jugement de la Table de Marbre qui ne réserve au Seigneur, que le droit d'entrer dans cette Terre pour rompre ses chiens, ou reprendre son oiseau, après en avoir demandé la permission au Seigneur, à qui il seroit obligé d'envoyer le gibier poursuivi, s'il étoit pris avant que les chiens fussent rompus & l'oiseau réclamé.

Il y a cependant des Arrêts rapportés par Bouchel dans sa Bibliothéque du droit François sous le mot *Chasse*, & par Mr. de la Roche-Flavin, ch. 28. art. 8. qui ont jugé que l'on pouvoit suivre le gibier.

XVII.

Il n'est pas permis aux particuliers de clorre leur héritage, & d'empêcher par-là le Seigneur Justicier ou féodal d'y Chasser.

Arrêt du 17. de Mai 1668. rapporté par Boniface tom. 4. liv. 2. tit. 4. ch. 2. en faveur du Seigneur de Vitroles. Il fut ordonné que le sieur Barrigue qui avoit fait clorre une grande étendue de Terrain y laisseroit deux portes dont il remettroit la clef au Seigneur, afin qu'il pût y aller Chasser en tems & saison convenable suivant les Ordonnances.

Suivant l'Ordonnance de 1669. art. 28. du tit. *des Chasses*, on ne peut clorre que les héritages qui sont derrière les Maisons, situées dans les Bourgs, Villages & Hameaux hors des plaines.

XVIII.

Le Seigneur a aussi le droit d'interdire la Chasse aux petits oiseaux avec des filets.

Même Arrêt cité sur l'art. précédent. Le Seigneur de Vitroles avoit demandé que le sieur de Barrigue fût condamné à arracher les Arbrisseaux formant une *Thése* destinée à la Chasse des petits Oiseaux. L'Arrêt lui défendit seulement d'y mettre des filets.

Un Réglement fait par le Siége de la Table de Marbre de Paris, rapporté dans la *Pratique des Terriers* tom. 4. tit. *de la Chasse*, quest. 33. défend de Chasser, & prendre aux filets, à la glu, pipée ou autrement, les menus

Oiseaux de chant & plaisir sans permission des Seigneurs Hauts-Justiciers ou féodataires.

Cette disposition paroit rigoureuse, Graverol sur l'art. 3. du ch. 28 du traité de Mr. de la Roche Flavin, rapporte un Arrêt du Parlement de Toulouse qui laissa à des Habitans la liberté de Chasser aux Cailles avec la tirasse.

XIX.

Le droit qu'a le Seigneur d'empêcher qu'on ne forme des clôtures, ou des garennes, est sujet à la prescription de 30. ans.

Dans la cause du Seigneur de Vitroles, dont on a parlé ci-dessus, on ne disputoit pas que cette exception ne fut légitime. Par Arrêt du 16. de Mars 1665. entre le Seigneur & la Communauté de Puiloubier, rapporté par Boniface tom. 1. liv. 3. tit. 3. ch. 3., il fut ordonné que le Seigneur vérifieroit qu'il étoit en droit, possession & coutume aux habitans & possédans biens de faire des garennes, closes & basse-cours dans leurs Maisons; & par l'Arrêt définitif qui intervint au Parlement de Grenoble le 6. de Septembre 1669, il fut fait défenses aux habitans & possédans biens de faire des garennes, sans la permission du Seigneur, sauf à eux de faire joignant leurs Maisons & Bastides, des basse-cours & garennes, ou pour dire mieux des Clapiers, d'une étendue proportionnée auxdites Maisons, sans préjudice du droit de Chasse du Seigneur & de celui de pâturage;& comme il y avoit un habitant qui possédoit depuis plus de 30. ans, un enclos, il lui fut permis de le rétablir.

XX.

Les Seigneurs ne peuvent interdire aux habitans, & possédans biens, la liberté de construire des pigeonniers, qu'autant qu'ils ont titre ou possession dérivant d'une prohibition, à laquelle on ait acquiescé.

Il y a un ancien Arrêt du 17. de Mars 1686. rapporté par De-Cormis tom. 1. col. 503., & qui fit dépendre la décision de l'usage observé dans les fiefs voisins.

Arrêt du 30. d'Octobre 1631. rapporté par Pastour *Tract. de Feudis lib.* 1. *tit.* 6. & qui fut rendu contre le Seigneur de Rognes, qui n'avoit ni titre, ni possession. Autre Arrêt du 16. de Mars 1685. confirmé par un Arrêt du Conseil du 30. d'Août, même année, rappellés l'un & l'autre dans l'Arrêt du Conseil rendu le 30. de Janvier 1736. entre le Commandeur d'Avignon, Seigneur de Lardiers & Me. Eymar, Lieutenant civil à Forcalquier. Les Procureurs du Païs intervinrent dans l'instance.

XXI.

Le Seigneur est obligé de faire Chasser aux bêtes nuisibles, lorsqu'elles font des ravages dans le Terroir; il ne peut même refuser aux habitans la permission de faire des battuës ou Chasses générales.

Il y a des Arrêts qui ont obligé les Seigneurs de faire Chasser aux Lapins, pour empêcher que le trop grand nombre ne causât des dommages. Le Parlement de Grenoble en rendit un en 1631. contre la Dame de Forbin, Comtesse de Boulbon; & il en a été rendu un semblable contre le Seigneur de Châteaurenard, & un autre contre le Seigneur d'Aiguilles.

Quant aux Loups & Sangliers, il y a l'Arrêt rapporté par Boniface tom. 4. liv. 2. tit. 6. ch. 4. qui en maintenant les Consuls & Habitans de la Garde-Frainet, lesquels avoient une Portion de la Seigneurie dans le droit de s'assembler avec armes à feu & à fer pour aller à la Chasse aux Loups, Sangliers & autres bêtes nuisibles, ajouta qu'ils ne pourroient s'assembler qu'en présence des Officiers de Justice, & il leur fut défendu de tirer le gibier.

Jugement rendu en dernier ressort, par des Commissaires délégués le 26. d'Août 1741. entre le Seigneur & la Communauté de Tretz, par lequel il fut ordonné que de trois en trois mois, & plus souvent s'il étoit nécesfaire, il seroit fait des Chasses & battuës générales dans les bois, aux Loups, Renards, Martres, Biéraux & autres bêtes nuisibles; & que lors de ces Chasses il seroit permis de tirer aux Sangliers & bêtes noires; en cas de nécessité exposée au Seigneur par les Consuls, & par lui reconnuë.

Les habitans de Beaujeu & de Mariaud, Villages situés sur les plus hautes montagnes de Provence, ont un Privilége qui les dispense d'obtenir la permission du Seigneur. Il est conçu en ces termes. Aujourd'hui 8. Juillet 1630. le Roi étant au Camp de S. Jean de Maurienne, sur ce qui lui a été remontré par Me. Pierre Pellissier de Boulogne, l'un de ses Conseillers, & Aumonier, & Chapelain ordinaire de son Oratoire, Prieur des Prieurés de Beaujeu & Mariaud, & les habitans desdits lieux, qu'étant leurs Villages, situés aux montagnes de la Provence, ce peu de Terroir qu'ils ont semé, & peuvent servir pour leur vivre & de leurs pauvres familles, est tellement gâté par les bêtes Sauvages, comme sont les Ours, Loups, Liévres, Sangliers & autres qui mangent les bleds, qu'ils en sont ruinés, & même en tems d'hiver les Loups s'approchent des Maisons écartées auxdits lieux & aux montagnes, s'attaquant aux femmes & enfans qu'ils tuent & les mangent, s'il n'y avoit du secours; ce qui ne se peut faire, sans porter des armes & bâtons à feu; mais ils n'oseroient l'entreprendre à cause des défenses générales d'en user, s'il ne plaît à Sadite Majesté de le leur permettre, comme ils les ont très-humblement supplié & requis; Sadite Majesté ayant égard à ce que dessus, & inclinant à ladite supplication, a permis & permet auxdits Prieurs & Habitans de Beaujeu & Mariaud, de Chasser lesdites bêtes sauvages, avec des armes & bâtons à feu, dans l'étenduë desdits Villages, pour la conservation de leur Terre & de leurs Fruits; sans qu'au moyen desdites défenses générales du port des armes & usage desdits bâtons, ils y puissent être troublés ni empêchés par qui, ni en quelque manière que ce soit, les en ayant Sadite Majesté relevés & dispensés, à la charge toutefois de n'en abuser, sur les peines portées par les Ordonnances, &c.

Ce Brevet fut enregîtré par le Parlement le 21. Juin 1641, avec le consentement de M. le Procureur Général du Roi, & les Habitans jouïrent paisiblement de ce Privilége pendant plus d'un siécle : mais en 1736. les Fermiers du Seigneur firent informer sous son nom, contre 19. Habitans, sur la contravention aux Ordonnances du Roi, & aux Réglemens de la Cour, concernant le port des armes & la Chasse ; les uns furent décretés de prise de corps, & les autres d'ajournement personnel. Les deux Communautés de Beaujeu & de Mariaud intervinrent dans le Procès, & en déclarant qu'elles n'avoient garde de vouloir favoriser les abus, elles demanderent que les Habitans fussent maintenus dans le droit d'avoir des armes & bâtons à feu pour Chasser les bêtes sauvages, Ours, Loups, Sangliers, Liévres & autres qui mangent le bled, à la charge néanmoins de n'en abuser sous les peines portées par les Ordonnances : ces Conclusions leur furent adjugées par Arrêt rendu en la Chambre des Eaux & Forêts, au rapport de Mr. le Conseiller de Montvalon, dans le mois de Mai 1737.

C'est une question douteuse, si les bêtes tuées dans ces sortes de Chasses doivent être renduës au Seigneur, ou si l'on doit seulement offrir, ou la Hure ou une Epaule. Cette question fut élevée en exécution d'un Jugement rendu entre le Seigneur & la Communauté de Tretz. Et elle n'a pas été décidée.

XXII.

Il est défendu de Chasser sur les Terres ensemencées, depuis que le Blé est en tuïau jusques après la moisson ; & des Vignes, depuis le 1. d'Avril jusques après les Vendanges, à peine de 300 liv. d'amende & de tous dépens, dommages & intérêts envers les propriétaires de ces mêmes Terres.

Arrêt de Réglement du 8. de Mars 1710.
Autre Arrêt de Réglement du 16. de Mars 1751.
L'Ordonnance de 1669. tit. 18. impose une amende de 500 liv.

XXIII.

La Chasse aux Liévres est interdite depuis le premier jour de Carême de chaque année, & la Chasse aux Perdrix, depuis le même jour jusques au dernier de Juillet, à peine de 100 liv. d'amende, de confiscation du gibier & des fusils, à l'égard de ceux qui s'en trouveront saisis.

Mêmes Arrêts de Réglement.

XXIV.

Il est défendu de prendre les œufs des Cailles & des Perdrix, de les élever, nourrir, vendre ou acheter ; & de se servir de lacs, tirasses, filets, trénaux, colliers fils d'archal, & autres moyens pour prendre les Perdrix, & de les Chasser à la course.

Mêmes Arrêts de Réglement qui prononcent la condamnation à une amende & même à une punition corporelle.

XXV.

On ne peut pas Chasser ni prendre aux filets, à la glu, ou autrement, même avec la permission du Seigneur, les oiseaux de chant & plaisir, tels que Linottes, Chardonnerets, Pinsons, Serins, Rossignols, Cailles, Fauvetes, Alouettes, Merles, Sansonets & autres de semblable qualité, depuis la mi-Mars, jusques à la mi-Août, par rapport aux oiseaux des années précédentes ; mais seulement on peut prendre les jeunes dans les nids pour les nourrir.

Réglement fait par le Siége de la Table de Marbre de Paris, & rapporté dans la *Pratique des Terriers* tom. 4. tit. *de la Chasse* quest. 33.

XXVI.

La Chasse aux Pigeons est défendue en tout tems, & il est défendu d'acheter des Pigeons tués au fusil.

La peine de la contravention, est celles des Galéres contre les Pléblées, & une amende de 300 liv. contre les personnes d'un autre état.

Arrêt de Réglement du 20. de Décembre 1685.

La défense d'acheter les Pigeons tués au fusil, a été prononcée par un Arrêt de Réglement du 18. d'Août 1713.

Les Arrêts de 1710. & de 1751. contiennent aussi des défenses d'exposer en vente le gibier pendant le tems où la Chasse est défenduë.

XXVII.

Il n'est pas permis aux Seigneurs d'enlever les fusils, de ceux qui Chassent dans leurs Terres.

Arrêt du Parlement de Toulouse, rapportré par Fromental, sous le mot *Chasse* pag. 57. Le Seigneur avoit été grievement maltraité par celui à qui il avoit voulu ôter le fusil, & il se plaignoit que le premier Juge ne l'eut décreté que d'un ajournement personnel ; ce décret fut confirmé, parce qu'on regarda le Seigneur, comme ayant commis lui-même la première violence.

XXVIII.

Les Bergers, gardiens & maîtres des Troupeaux, sont obligés de mener en lesse leurs chiens, ou de leur attacher un collier ou billot, sauf de les lâcher lorsque la conservation du Troupeau l'exige ; & il est défendu à toute personne de laisser vaguer d'autres chiens sans collier ou billot.

Il y a plusieurs Arrêts obtenus par les Seigneurs qui l'ont ainsi reglé.

XXIX.

Les Seigneurs ont la liberté de se pourvoir au sujet des contraventions, dont ils ont à se plaindre, ou directement à la Chambre des Eaux & Forêts, ou devant le Juge de leur Terre en première instance.

Déclaration du 14. de Juillet 1711. par laquelle les offices de Juge Gruyer, ont été réunis aux Justices des Seigneurs.

XXX.

Le Seigneur en se déclarant lui-même Partie, au lieu de laisser faire les poursuites par son Procureur Jurisdictionel, ne rend pas son Juge suspect.

Arrêt du 22. de Mars 1730. en faveur du Seigneur de Cabriés, contre qui l'on demandoit la cassation de la procédure criminelle sur ce seul fondement que la plainte avoit été renduë au Juge Gruyer, non par le Procureur Fiscal, mais par le Seigneur lui-même.

XXXI.

Les Lieutenans de Sénéchal, ne peuvent connoître ni en première Instance, ni en Cause d'appel, des contraventions à la Chasse.

Arrêt du 27. de Janvier 1713. entre la Demoiselle Baïon de Marseille, & Louis Auran.
Arrêt de Réglement du 20. de Mars 1716.

XXXII.

Le Chasseur condamné à l'amende, ne doit pas l'être aux dommages & intérêts, à moins qu'il n'eut chassé dans un tems, où la Chasse est défenduë, & causé quelque dommage aux champs.

Pratique des Terriers tom. 4. tit. *de la Chasse* quest. 35.

TITRE XIII.

DES BIENS NOBLES.

I.

NUl autre que le Seigneur Justicier ne peut posséder des biens Nobles, en Provence. Alienés sans une Portion de la Jurisdiction, ils tombent en roture.

Une Jurisprudence contraire aux vrais principes des fiefs, a introduit cette régle qui a été long-tems chancélante.

Mr. de Clapiers *caus.* 86. quest. uniq. rapporte deux Arrêts qui avoient jugé que les biens Nobles désemparés par le Seigneur sans Jurisdiction, avoient conservé leur Nobilité. *Quoniam erant antiqui feudi, & focagiis nusquam erant scripta.* Il y a un 3e. Arret rendu en 1625. & dont Boniface fait mention tom. 4. liv. 3. tit. 11 ch. 1., & cette ancienne Jurisprudence fut adoptée par des Commissaires délégués par le Conseil pour juger les procès entre le Seigneur & la Communauté de la Verdière. Par leur Jugement auquel présida Mr. Lebret, Intendant, & qui fut rendu en 1704. ils déclarerent Noble un Domaine transporté par le Seigneur sans aucune Portion de Jurisdiction à son frère puiné en payement de sa légitime.

Il est certain que la cause primitive de la Nobilité des fonds & de l'exemption des Tailles a été le service Militaire, auquel tout Seigneur féodataire étoit soumis; non pas par rapport à la Justice, qui en Provence comme par tout ailleurs, n'a rien de commun avec le fief; mais pour le fief même.

Le premier Arrêt que l'on peut regarder comme le principe de la nouvelle Jurisprudence, est celui qui fut rendu en 1628. en faveur de la Communauté d'Aurons. Boniface tom. 4. liv. 3. tit. 11. ch. 2. en rapporte plusieurs autres. Enfin la question n'est plus regardée depuis long-tems comme susceptible de doute.

II.

La plus petite Portion de la Jurisdiction, même de la basse, suffit pour conserver la Nobilité.

Il y a plusieurs exemples d'Arrière-fiefs composés de biens Nobles, qui ne furent transportés originairement qu'avec moyenne & basse Justice, ou même seulement avec la basse, & qui jouissent de la franchise des Tailles.

Arrêt rendu en 1704 en faveur du sieur Berne, possesseur d'un Arrière-fief situé dans le Terroir d'Orgon.

Par un Acte passé en 1660. entre le sieur d'Hugues & le sieur Dornesan : celui ci en vendant la terre de Vaumeil, se reserva une censive, & une once de la basse Justice pour conserver la Nobilité, de quelques fonds qui ne furent pas compris dans la vente. On ne la lui a pas disputée.

Par Arrêt du 10. de Juin 1686 en faveur du sieur de Pontevés, contre la Communauté de Thorame ; il fut jugé que la réserve d'un denier de toute la Jurisdiction haute, moyenne & basse, suffisoit, quoique l'on eût stipulé précisément que le possesseur ne pourroit pas nommer des Officiers de Justice.

Le denier ne signifie pas une Portion qui ne vaut réellement qu'un denier, mais la douzième partie d'un sol, suivant le Livre Terrier des fiefs de Provence ; la division étant faite en florins & en sols.

III.

Il n'est pas nécessaire que la réserve porte sur l'universalité de la Jurisdiction, par forme de cottité, comme pour la moitié, pour un quart, ou pour l'exercer pendant un certain tems, comme un mois, un jour, plus ou moins.

Il suffit qu'il y ait une Jurisdiction circonscrite & assignée sur les fonds dont on veut conserver la Nobilité.

Mourgues pag. 362. rapporte un Arrêt du 10. d'Août 1636. qui jugea le contraire ; des fonds cédés par le Seigneur de Briançon à ses Sœurs, en payement de leurs légitimes avec haute, moyenne & basse Justice, furent déclarés Roturiers par cette seule raison, que le transport de la Justice avoit été fait en termes vagues *in abstracto*, sans désignation d'une cottité, ou d'un exercice pendant un certain tems. Mais ce même Auteur rapporte tout de suite plusieurs autres Arrêts contraires ; & il paroit très-difficile de justifier la décision du premier.

IV.

Les fonds Nobles transportés par un Cosseigneur à un autre Cosseigneur, conservent leur Nobilité, quoiqu'ils ayent été alienés sans Jurisdiction.

Ainsi jugé par Arrêt rapporté par Boniface tom. 4. liv. 3. tit. 11. ch. 2.

La raison de décider, est que ces fonds n'ont jamais été possédés sans Jurisdiction à laquelle le Vendeur & l'Acheteur participoient également.

S'il s'agissoit, non pas d'une vente, mais d'un bail emphitéotique, la Nobilité seroit perduë, s'il n'y avoit aucun transport d'une Portion de la Jurisdiction, parce que l'emphitéose est par lui-même un titre de roture.

V.

Les Biens Nobles sont exempts de Tailles ; mais tous les Biens exempts de Tailles ne sont pas Nobles.

Les

Les Biens que l'Eglise possédoit avant l'affouagement de 1471. & qui depuis cette même époque n'ont pas perdu leur privilége par des aliénations, sont affranchis du payement des Tailles sans être Nobles.

Il en est de même à l'égard des Biens aliénés par les Communautés pour cause de département avec franchise de Taille. Aujourd'hui on ne permet plus aux Communautés de stipuler cette exemption ; & on leur a même donné la faculté de reprendre par la voye du rachât, ces Biens ainsi aliénés à moins que les possesseurs ne consentent à l'encadastrement & à payer les Tailles. Arrêt du Conseil du 15. de Juin 1668. art. 5.

VI.

Tous les Biens possédés par les Seigneurs sont présumés Nobles, c'est aux Communautés de détruire cette présomption par la preuve de la roture.

La Déclaration de 1684. faite pour le Languedoc art. 6. *les fonds & héritages possédés par des Seigneurs Justiciers dans l'étenduë de leur Jurisdiction, seront reputés & présumés Nobles s'ils ne sont justifiés du contraire par Actes.*

Cette même Déclaration ajoute une exception dans l'article qui suit : Ne jouïront néanmoins de ladite présomption de Nobilité, les Seigneurs Justiciers, hauts, moyens & bas, au cas qu'il soit justifié que ladite Justice a été acquise ou possédée en quelque tems que ce soit, séparément du bien dont ils prétendront la Nobilité.

VII.

Les cadastres des Communautés ne peuvent pas être opposés aux Seigneurs comme renfermant la preuve de la roture.

Mourgues pag. 356. où il rapporte les Arrêts rendus contre les Communautés de Nismes & de Mondragon.

Depuis il a été rendu plusieurs autres Arrêts qui ne permettent plus de former des doutes sur cette maxime.

Celui du 12 de Mai 1717. en faveur du sieur d'Agoult, Seigneur de Roquefueil, est surtout remarquable ; la Communauté justifioit que les biens dont il étoit question avoient été allivrés dans deux anciens cadastres faits l'un avant le 15. de Décembre 1556. & l'autre après, avec l'aveu & consentement du Seigneur. En les rapprochant l'un de l'autre, on voyoit que les Biens possédés par le Seigneur, avoient appartenu originairement à des particuliers, & qu'ils devoient avoir été acquis par le Seigneur après l'époque du 15. de Décembre 1556. il fut jugé que cette preuve ne suffisoit pas, & qu'il n'y en a pas d'autre à admettre que celle que fournissent les Actes d'acquisition.

Les tenets ou notes que l'on met dans les cadastres à côté des articles ou allivremens, sont par la même raison incapables de former une preuve, ainsi jugé contre la communauté de Valerne, par un Arrêt rendu en 1722. au Parlement de Grenoble, où la cause avoit été évoquée.

Jugement rendu en dernier ressort par des Commissaires délégués, le 29. de Novembre 1725. contre la Communauté de Corbières.

Autre Arrêt du 30. de Juin 1751. en faveur du Seigneur de Vallavoire.

VIII.

La Nobilité est effacée par le payement des tailles pendant 30. ans.

Gui-Pape decis. 387. Despeisses tom. 3. Philippi resp. 31 ; & dans ses Arrêts de conséquence art. 33.

L'art. 16. de la Déclaration de 1684. pour le Languedoc. *Les fonds Nobles pourront être assujettis à la taille par transactions, conventions ou autres actes passés entre personnes libres & majeures, comme aussi par le payement des tailles pendant 30. années consécutives & non interrompuës, fait par les Possesseurs.*

De-Cormis tom. 2. col. 1780., dit que l'espace de 10. ans suffit, mais il se trompe, il est vrai que l'Arrêt du Conseil du 6. de Juin 1643., rendu entre la Communauté & le Seigneur d'Ollioules, présente une disposition qui peut donner lieu de croire qu'il a dérogé en ce point au droit commun. Tous les biens que les Seigneurs avoient acquis avant le 15. de Décembre 1556., sont déclarés francs, quittes & immunes de toutes tailles & autres impositions, & il est ajouté, *si n'étoit que lesdits Acquêreurs propriétaires desdits Fiefs, fussent obligés au payement desdites tailles par transactions, Arrêts, Sentences ou Jugemens dont il n'y ait eu appel interjetté, ou que pour raison desdites rotures, ainsi acquises, avant ledit jour 15. de Décembre 1556.; ils eussent volontairement payé les tailles pendant le tems & espace de 10. années dernières, ou immédiatement précédentes le jour de la demande qui leur en auroit été, ou pourroit être faite, ès quels cas ils seront tenus continuer le payement desdites tailles, à l'avenir, pour raison desdits biens, comme ils ont fait par le passé.*

Cette disposition concernant la prescription de 10. ans, n'a trait qu'aux rotures acquises avant le 15. de Décembre 1556., c'est-à-dire, aux biens qui ne devinrent Nobles que par fiction & en vertu de ce même Arrêt; mais à l'égard de ceux que les Seigneurs justifieroient avoir été originairement Nobles, il ne paroît pas que l'on pût faire usage de cet Arrêt du 6. de Juin 1643., comme renfermant une dérogation au droit commun qui n'admet que la prescription de 30. ans.

IX.

Les Seigneurs ne peuvent être soumis au payement des tailles, que pour les biens roturiers acquis depuis le 15. de Décembre 1556., à tout autre titre que par commis, délaissement, ou confiscation.

Dans les Affoüagemens Généraux faits en 1390, 1400, 1418. & 1442, on n'eut aucun égard aux biens possédés par les Seigneurs & par l'Eglise, pour la fixation ou cottité des feux, & dans l'intervalle il avoit été rendu par le

Conseil Royal de Loüis II. Comte de Provence, un Jugement portant que tous les Nobles possédans Fiefs avec jurisdiction, étoient exempts de tailles & de toutes contributions, non seulement pour les biens qu'ils possédoient alors, mais encore pour ceux qu'ils acquerroient à l'avenir dans l'étenduë de leurs Fiefs & jurisdictions à la charge du service militaire, lorsque l'on convoqueroit les cavalcades.

Les Commissaires nommés pour procéder à l'affoüagement Général de 1471, ne comprirent pas non plus dans leur raport les biens possédés par l'Eglise & les Seigneurs, n'ayant pris pour régle de leurs opérations, que les Cadastres des Communautés, où ces mêmes biens n'avoient pas été allivrés ; cependant ils se crurent autorisés à rendre une Ordonnance, portant qu'à l'avenir les Gens d'Eglise & les Nobles possédans Fiefs, contribueroient au payement des tailles pour les biens qu'ils avoient acquis, & pour ceux qu'ils acquerroient, à moins qu'ils ne les eussent réunis par droit de retrait, de Commis, ou de déguerpissement.

Sur les contestations multipliées auxquelles cette Ordonnance donna lieu, intervint le Fameux Arrêt du Conseil du 15. de Décembre 1556., conçu en ces termes. *Le Roi a ordonné & ordonne que pour le regard des biens revenus & échûs ès mains des Nobles par le droit de leur Fief & jurisdiction à présent par eux tenus & possédés, seront francs, quittes & immunes de toutes tailles, charges & impositions ; & quant aux biens qui reviendront par ci-après ès mains desdits Nobles par le droit de prélation, achat, donation ou échange que lesdits biens orés qu'ils soient échûs par leursdits droits de Fiefs ès mains desdits Nobles, seront néanmoins contribuables à la taille, ainsi qu'ils étoient auparavant qu'ils soient avenus & échûs en leursdites mains, si ce n'est au cas que pour lesdits biens pris par échange, ils baillassent autres biens par eux auparavant tenus francs & quittes desdites tailles, lesquels seroient suffisans & tenus porter pareilles charges que ceux que lesdits Nobles auroient retiré & récouverts par échange ; & où aucuns biens reviendroient ès mains desdits Nobles par commis, délaissement ou confiscation, en ce cas lesdits biens seront tenûs par lesdits Nobles francs & quittes de toutes charges & impositions.*

Ainsi, cet Arrêt reduisit le privilège de la Noblesse par rapport aux biens réunis aux Fiefs à ceux qui les seroient par commis, délaissement ou confiscation, au lieu que suivant l'Ordonnance des Commissaires qui avoient procédé à l'Affoüagement Général de 1471. ce même privilège devoit s'étendre aux biens réünis par retrait.

Il y eut de nouvelles contestations sur l'interprétation de cet Arrêt du 15. de Décembre 1556. Mourgues pag. 323. en rappelle le détail. Enfin le 6. de Juin 1643., il fut rendu un autre Arrêt du Conseil entre le Seigneur & la Communauté d'Oblioules, les Sindics du Tiers-Etat, & le Corps de la Noblesse, pour fixer tous les doutes que l'obscurité du premier avoit fait naître. Le Roi a ordonné & ordonne suivant & conformément à l'Arrêt du 15. de Décembre 1556., & icelui en tant que besoin seroit interprétant, que tous & chacuns les biens roturiers acquis par les Seigneurs & Propriétaires des Fiefs dudit Pays de Provence par prélation, achat, donation, échange, ou autrement en l'étenduë de leursdits Fiefs, & de leurs mouvances & directes seulement avant ledit jour 15. de Décembre 1556, demeureront francs, quittes & immunes de toutes tailles & autres impositions, si ce n'étoit que lesdits Acquereurs propriétaires desdits Fiefs, fussent obligés au payement desdites tailles par transactions, Arrêts, Sentences ou Jugemens dont il n'y ait eu appel interjetté, ou que pour raison desdites rotures ainsi acquises avant ledit jour 15. de Décembre 1556., ils eussent volontairement payé les tailles pendant le tems & espace de 10. années dernières, ou immédiatement précédentes le jour de la demande qui leur en auroit été, ou pourroit être faite, ès quels cas ils seront tenûs continuer le payement desdites tailles à l'avenir, pour raison desdits biens, comme ils ont fait par le passé : ainsi qu'ils y sont condamnés par lesdits Arrêts, Jugemens & Transactions, auxquels Sa Majesté n'entend déroger, & sans que lesdits biens Nobles exempts desdits Seigneurs par eux ou leurs Auteurs vendus avant ledit jour 15. de Décembre 1556., puissent entrer en compensation desdits biens par eux ou leurs, Auteurs, acquis en l'étenduë de leurs Fiefs depuis ledit jour 15. de Décembre 1556.

X.

L'exemption des Tailles ne peut être acquise par prescription.

Droit commun puisé dans lat. *Immunitates cod. de agric. & censit. l. 1. cod. de immunit. nemini conced. l. si in fraudem cod. ann. & tribut. l. fin. cod. sine cens. vel reliq. fundum comparari posse.*

D'Argentré sur la coutume de Bretagne tit. des Droits du Prince art. 56. n. 26.

Art. 17. de la Déclaration de 1684. pour le Languedoc. *Nulle prescription ou possession immémoriale d'immunité du payement des Tailles, ne pourra être alléguée, ni opposee pour la preuve de la Nobilité des héritages, quand même ils n'auroient jamais été compris, allivrés dans les cadastres.*

Arrêt du Conseil du 7. de Février 1702.

X I.

Les transactions par lesquelles des fonds Roturiers ont été déclarés Nobles, ou affranchis du payement des Tailles, sont absolument nulles, malgré tout laps de tems.

L'Arrêt du Conseil du 7. de Février 1702. déclare nuls tous affranchissémens de Tailles fait à prix d'argent, ou sous prétexte de quittus de droits Seigneuriaux, ou arrerages d'iceux & en quelle manière que ce puisse être autrement que par compensation, ensemble tous Actes par lesquels la cotte des biens Roturiers possédés par les Seigneurs aura été fixée, &, ce nonobstant tout laps de tems.

Cet Arrêt n'a pas introduit, mais seulement confirmé une maxime établie par la Jurisprudence constante de la Cour des Aydes.

Arrêt du mois de Juin 1624. entre le Seigneur & la Communauté de la Garde.

Malgré les Arrêts, plusieurs Communautés ne réclamerent pas de semblables transactions ; mais après l'Arrêt du Conseil du 7. Février 1702. l'on vit naître un grand nombre de procès ; des circonstances particulières, ayant parû pouvoir former des exceptions à la régle générale. Mais loin de s'en écarter on lui donna une extension qui paroit contraire au motif même de la disposition de cet Arrêt du Conseil ; l'on décida que les Jugemens acquiescés dont l'appel ne pouvoit plus être reçu, & les Arrêts même contradictoires, étoient compris dans cette disposition.

L'on a même été plus loin, & dans la Cause de la Dame de Claris, l'on compara à un Acte par lequel on eut affranchi les fonds roturiers du payement des tailles, plusieurs Arrêts que le Cosseigneur d'Ubraye avoit la qualité nécessaire pour posséder des biens noblement ; tous ces Arrêts furent annéantis par celui du mois de Juin 1753.

Arrêt du 12. de Mai 1707., en faveur de la Communauté de Greoulx, la transaction qui fut cassée, & dont la datte étoit du 8. de Janvier 1620., avoit été précédée d'une Sentence arbitrale du 20. de Juin 1619.

Arrêts du 12. de Mars 1716., en faveur de la Communauté de Seillans, il y avoit un Arrêt du 4. d'Août 1613.

De-Cormis tom. 1. col. 833., fait mention d'un avis de Mr. l'Intendant, portant que l'affranchissement d'un quint de feu dont joüissoit le sieur de Puylobier, seroit révoqué, non-obstant tout laps de tems, & tous les Jugemens qu'il avoit obtenu.

XII.

Le Seigneur peut exciper lui-même de la nullité des transactions ou autres actes, concernant l'affranchissement des tailles, & en demander la récision.

Ainsi jugé par Arrêt du 5. de Juin 1715., en faveur du Marquis de Mirabeau contre la Communauté de Beaumont.

Malgré cet Arrêt la question ayant été amenée dans

un Procès entre le Seigneur & la Communauté de Claret, elle parut douteuse, & ne fut pas jugée précisément par l'Arrêt qui intervint. Il semble cependant qu'il ne devroit y avoir aucun doute à se former à cet égard.

Les transactions sont absolument nulles *funditùs nullæ*, & par conséquent incapables d'obliger aucune des Parties suivant le principe retracé par Cancerius dans ses résol. ch. 21. n. 237.

L'Arrêt du Conseil du 7. Février 1702. n'a pas distingué en prononçant la nullité absoluë de ces actes, l'intérêt des Communautés & celui des Seigneurs féodataires, il a établi une régle générale en faveur des uns & des autres. D'ailleurs toute restitution doit être réciproque ; & les Communautés pouvant toujours réclamer de la nullité absoluë, malgrè tout laps de tems, il est juste que les Seigneurs ayent ce même droit, autrement ils ne seroient jamais en sûreté. La même question a été aussi jugée en 1704., en faveur de Mr. d'Oppede contre la Communauté de la Verdiere par des Commissaires délégués,

XIII.

L'abbonnement de la taille à une cottité fixe & determinée est nul, malgrè touts laps de tems.

Exemple d'un pareil abbonnement. Il est convenu que la taille pour tel fonds, sera fixée annuellement à 20. liv. par an. Cet accord est contraire à la nature des tailles qui varie, & par conséquent il est absolument nul.

Ainsi jugé par Arrêt du 6. de Mars 1706., en faveur de la Communauté de Seillans contre la Dame de Flotte; une transaction de 1560., rélative à une autre de 1503., qui avoit fixé la taille à 8. florins, fut cassée.

Même décision donnée en faveur de Mr. d'Oppede contre la Communauté de la Verdiere en 1704. par des Commissaires délégués.

XIV.

Les biens réünis au Fief par déguerpissement, ne recouvrent pas leur nobilité, si cette réunion a été faite sans formalités.

L'on n'observoit autrefois aucunes formalités, mais la Cour des Aides ayant rendu le 26. de Janvier 1636., un Arrêt qui déclara roturiers les biens déguerpis, & réünis sans formalités par le Seigneur de Briançon, & la question s'étant présentée de nouveau au Conseil de Sa Majesté entre le sieur d'Escalis Seigneur de St. Julien d'Asse, les Gens des Trois-Etats & le Sindic de la Noblesse, il intervint le 20. d'Août 1637. Arrêt qui en confirmant la Nobilité des biens déguerpis, & réünis au Fief, ordonna qu'aux délaissemens qui seroient faits à l'avenir, les Seigneurs seroient tenus de faire appeller les Communautés, & de faire publier lesdits délaissemens, tant en la justice qu'aux Prônes des Parroisses, où lesdits héritages sont situés ; & assis ; autrement, & à faute d'observer lesdites formalités, a déclaré & déclare lesdits biens roturiers & taillables. Les Communautés ont la liberté de retenir ces mêmes biens délaissés, en fournissant un homme vivant, mourant & confiscant ; qui acquitte au Seigneur les cens, ou autres redevances.

Les publications ne peuvent plus être faites au Prône, suivant l'article 32. de l'Edit de 1695. ; on les fait à l'issuë de la Messe Parroissiale les jours de Dimanche, on les fait aussi dans l'Auditoire de justice.

Un Arrêt de réglement de la Cour des Aides du 23. de Janvier 1725., a enjoint aux Communautés d'exposer en vente les biens abandonnés qui forment dans les cadastres des côtes infructueuses.

Les formalités consistent au rapport d'estimation, aux enchéres, publication de la vente qui doit être faite pendant trois Dimanches consécutifs à l'issuë de la Messe de la Parroisse, & cela doit être notifié aux Seigneurs féodataires des lieux en leur personne ou celle du Greffier de leur jurisdiction, aux fins qu'ils ayent à former dans le délai de trois mois à peine de déchéance pour leurs Droits Seigneuriaux, telle demande qu'ils aviseront en préférence aux arrérages de taille.

Ce réglément ne détruit pas, & n'a pas pû détruire par rapport aux Seigneurs, celui qui avoit été fait par l'Arrêt du 20. d'Août 1637., il n'a eu pour objet que d'obliger les Communautés à ne pas laisser les cottes des biens abandonnés infructueuses. Il suppose que les seigneurs n'ont pas voulu réünir les biens à leurs Fiefs. Mais lorsqu'ils veulent user de leurs droits, ils n'ont pas d'autres formalités à remplir pue celles qui sont prescrites par ce même Arrêt du Conseil du 20. d'Août 1637.

Au reste ce réglement de 1725., fournit une preuve que dans le cas où le seigneur ne veut pas réünir, il doit être payé des arrérages des Droits seigneuriaux sur le prix de ces biens vendus par la Communauté.

La Déclaration de 1684., faite pour le Longuedoc, a aussi prescrit des formalités art. 15. & suiv. & par l'art. 34., il est établi que le défaut de formalités, ne peut plus être opposé, si après la réünion le Seigneur a possédé les biens déguerpis sans trouble & sans payer la taille pendant trente années consécutives.

XV.

Les biens réünis par retrait, donnés ensuite par le Seigneur à nouveau bail, & réünis de nouveau par déguerpissement, sont toujours roturiers.

Ainsi décidé par une consultation de deux célébres Avocats Mrs. Saurin Père & De-Cormis. La raison de décider, fut que le fonds retournoit avec la même qualité qu'il avoit avant le nouveau bail. Or le Seigneur le possédant en vertu du retrait, & par conséquent comme roturier; il ne peut pas le reprendre avec la Nobilité.

XVI.

Lorsque les biens sont réünis au Fief par

confiſcation, le Seigneur les poſſéde tous en Nobilité, ſans excepter la partie qui auroit ſervi au payement des Créanciers du Vaſſal ou Emphitéote, ſi ce même Seigneur n'eût préféré de réünir la totalité en payant les Créanciers.

Le contraire fut jugé en faveur de la Communauté de la Verdiere en 1704. par les Commiſſaires délégués ſur le fondement de la régle *bona non dicuntur, niſi deducto ære alieno.* Mais la queſtion s'étant préſentée de nouveau dans un procès entre la Communauté de S. Paul, & Mr. le Préſident de Thomaſſin, elle fut décidée en faveur du Seigneur par jugement rendu en dernier reſſort par des Commiſſaires délégués le 14. de Janvier 1742. Le Seigneur en payant les Créanciers, ne devient pas Acheteur des biens affectés au payement, il ſe maintient ſeulement en la poſſeſſion de ces mêmes biens réünis, ainſi que les autres, à ſon Fief, & les affranchit des hipothéques.

XVII.

Les biens réünis au Fief par confiſcation pour crime de Félonie, recouvrent la Nobilité, quoique le Seigneur n'ait pas la Seigneurie directe dans ce même Fief.

Ainſi jugé par Arrêt du 27. de Juin 1724., entre le ſieur de Gratian & la Communauté de Seillans. La raiſon de douter étoit fondée ſur ces termes de l'Arrêt du 7. de Février 1702. *dans l'étenduë de leur Fief & juriſdiction.*

XVIII.

Dans ce même cas de la réünion au Fief par confiſcation, la Communauté n'eſt pas recevable à exciper de l'intérêt qu'elle a à ne pas laisser diminuer son cadastre, à l'effet d'offrir au Seigneur le prix des biens confisqués.

Ainsi jugé le 30. de Mars 1672. par la Cour des Aides en faveur du Seigneur de Broves; c'est la différence qu'il y a entre le droit acquis au Seigneur par le Déguerpissement, & celui que lui donne la confiscation.

XIX.

Le Seigneur posséde en franchise de tailles, les biens qu'il a acquis immédiatement de l'Eglise, & qui furent aliénés pour cause de subvention.

Ainsi jugé par Arrêt du 28. de Juin 1715. contre la Communauté de La-Palud.

La franchise des tailles, pour ces sortes de biens, est acquise non seulement aux Seigneurs, mais encore à tout autre Possesseur qui ne participe point à la jurisdiction. Arrêt rendu en 1701. en faveur du sieur de Blacas contre la Communauté d'Aups qui se pourvut en cassation au Conseil, & fut déboutée.

Il y a plusieurs autres Arrêts semblables, & entre autres celui qui fut rendu le 15. d'Avril 1711. entre Mr. le Président de Valbelle Seigneur de Rougiés, & la Communauté du même lieu. Mais la franchise ne passe pas à un second Acquereur. Il y a plusieurs Arrêts qui l'ont jugé ainsi, le plus récent est celui du 15. de Juin 1750. entre la Communauté des Mées, & Jean-Baptiste Roux qui avoit acquis du nommé Latil un pré vendu à ses Auteurs en 1590. pour cause de subvention par le Chapitre de Sisteron.

Le Jugement rendu en 1704. entre le Seigneur & la Communauté de la Verdière, déclara francs & immunes de tailles, les biens qu'il avoit acquis directement du Prieur, pour ce qu'il en possédoit sans l'avoir jamais aliéné, & roturiers & taillables, tout ce qu'il avoit repris depuis ces aliénations.

XX.

Le fonds noble donné en antichrése doit conserver sa qualité & franchise de tailles.

La raison de décider est, que s'il avoit contracté une fois la tache de roture, le Seigneur ne pourroit plus le reprendre qu'avec cette même tache.

Mr. de Clapiers caus. 98. quest. 1., fait mention du Jugement obtenu par Adam de Crapone qui avoit en antichrése le moulin qu'il avoit fait construire pour la Communauté de Lançon ; il fut dechargé du payement de la taille, parce que la Communauté, qui en étoit Propriétaire, ne se la payoit pas à elle-même.

XXI.

Le rachat accordé aux Communautés par l'Arrêt du Conseil du 15. de Juin 1668. avec l'alternative de l'encadastrement dans le cas où les Possesseurs ne veulent pas consentir à ce rachat, n'a pas lieu à l'égard des biens démembrés originairement du Fief, & transportés par les Communautés aux Seigneurs à titre de vente ou en payement.

Ainsi jugé par Arrêt du 17. de Juin 1704. en faveur du Seigneur de Peyrruis & par l'Arrêt rendu le 15. d'Avril 1711. entre le Seigneur & la Communauté de Rougiés par les Commissaires & Délégués.

Autre Arrêt rendu en 1717. en faveur du Seigneur de Montauroux, & confirmé par Arrêt du Conseil en 1722.

Ce privilège a été étendu par la Déclaration du 14. de Septembre 1728. à tous les Détenteurs des biens aliénés par les Communautés avec franchise de taille en payement de leurs dettes, en prouvant par eux que les biens ont été démembrés du Fief en tout ou en partie avant le 15. de Décembre 1556.

Cette déclaration qui fut renduë à l'occasion d'un Procès entre Mr. le Comte Du-Muy & la Communauté d'Aubagne, semble donner atteinte aux maximes fondamentales. Dans le préambule il n'est fait mention que des Seigneurs Possesseurs de tels biens, & dans le dispositif, sont compris indéfiniment tous les Détenteurs.

Les raisons que la Province auroit à faire valoir pour obtenir la révocation de cette Déclaration, furent mises dans un grand jour par Mrs. De-Cormis & saurin dans une Consultation du 4. de Décembre 1728.

XXII.

Les Communautés qui imposent une taille sur le bêtail, ne peuvent pas y assujettir les bestiaux destinés à la culture, & engrais des fonds nobles possédés par les Seigneurs.

Le bêtail fait partie du fonds où il dépaît, *est instrumentum fundi*, comme il est dit dans la Loi *fundo* ff. *de verbor. signif.*

Mr. Philippi *in summ.* n. 74., s'énonce en ces termes, *animalia naturam prœdiorum subeunt : agri tributarii grex est tributarius ; si ager immunis, immunis grex erit.*

Arrêt du 14. de Juin 1720. en faveur du sieur Athenoux Cosseigneur de Roquebrune. Autre Arrêt en 1717. contre la Communauté de Montauroux.

Par un Arrêt rendu en 1671. contre la Communauté de Thorame, il fut jugé qu'elle ne pouvoit point imposer la taille sur le bêtail dépaissant dans un fonds qu'elle avoit donné en payement à un Créancier en franchise des tailles.

XXIII.

Le Fermier du Seigneur joüit de la franchise de la taille imposée sur le bêtail, à concurrence des biens Nobles.

Ainsi jugé par Arrêt du 27. de Novembre 1665., rapporté par Boniface tom. 2. art. 3. liv. 2. tit. 2. ch. 14.

XXIV.

La quantité de bêtail que le Seigneur a droit d'avoir, en vertu de la jurisdiction dans le cas où il a été procédé à la division, ou réglément des pâturages *pro modo jugerum*, est exempte du payement de la taille.

On convenoit de cette exemption dans la cause dont Boniface rapporte l'espèce. tom. 4. liv. 3. tit. 9. ch. 1., & qui ne fut pas jugée ; & il ne paroit pas qu'il puisse y avoir le moindre doute sur ce point, le privilège dont il s'agit, & qui sera expliqué dans le titre concernant les terres gastes ou incultes, étant une dépendance de la jurisdiction, & acquis aux biens Nobles, il doit l'être à plus forte raison à la jurisdiction elle-même.

XXV.

L'encadastrement des biens prétendus roturiers & possédés par le Seigneur, ne suffit pas pour autoriser la Communauté qui a fait cet encadastrement de sa propre autorité à agir par la voye des exécutions pour le payement des tailles, il faut ou que le Seigneur y ait consenti, ou que ce même encadastrement ait été ordonné par Arrêt.

Mourgues pag. 355. rapporte deux Arrêts qui l'ont jugé ainsi. Boniface tom. 4. liv. 3. tit. 10. ch. 1., en rapporte un autre. De-Cormis tom. 2. col. 1773.

XXVI.

Les arrérages de taille depuis 29. ans ne ſont pas dûs, lorſque les biens déclarés roturiers n'ont jamais été compris dans les cadaſtres ; ils ne le ſont que depuis la demande en encadaſtrement.

La raiſon de décider eſt que les biens n'ayant pas contribué à augmenter le nombre des feux, ou allivrement général de la Communauté, elle n'a ſouffert aucune perte, & profiteroit au contraire de ces mêmes arrérages, *certaret non de damno vitando, ſed de lucro captando.* Il y a pluſieurs Arrêts qui l'ont jugé ainſi. L'un du 27. de Mai 1717. en faveur du ſieur Déſcragnolle ; un autre du 24. de Mai 1624. contre la Communauté de Soliers ; un autre du mois de Juin 1746. en faveur du ſieur Du Bar. Enfin par l'Arrêt rendu en Juin 1753. contre la Dame d'Ubroye, elle ne fut condamnée au payement des arrérages, que depuis l'introduction de l'inſtance.

La Déclaration de 1684. pour le Languedoc art. 19. „ Les Poſſeſſeurs des biens déclarés roturiers par les Arrêts „ rendus par les Cours des Aides, ſeront condamnés au „ payement des arrérages des tailles depuis 29. années avant „ l'introduction de l'inſtance, au cas que les bieus fuſſent „ compéſiés avant ledit tems, ſinon depuis le compéſié„ ment.

XXVII.

Les Communautés doivent faire comprendre dans les Etats ou Caſarnets qui ſont dreſſés annuellement pour la lévée des tailles, les Seigneurs féodataires pour tous les biens roturiers qu'ils poſſédent, ſans qu'ils puiſſent s'en diſpenſer ſous prétexte des compenſations par eux

eux prétenduës, pour les biens Nobles aliénés depuis le 15. de Décembre 1556.

Arrêt de réglement de la Cour des Aides du 23. de Janvier 1725. art. 1.

XXVIII.

Les Auditeurs des Comptes ne peuvent alloüer ni passer en réprise, dans les comptes des Trésoriers ou Éxacteurs, les tailles dûës par les Seigneurs, s'il ne paroît pas que les compensations ou exemptions ont été admises définitivement, aux formes de Droit.

Même Arrêt art. 3.

XXIX.

Les Seigneurs peuvent affranchir du payement des tailles, les biens roturiers acquis par eux depuis le 15. de Décembre 1556. par la voye de la compensation des biens Nobles aliénés, ou devenus taillables depuis cette même époque.

C'est ici ce fameux droit de compensation qui a donné lieu à tant de Procés. Il seroit à souhaiter qu'il fut inconnu en Provence, comme il l'est dans les autres Provinces où les tailles sont réelles ; & où les biens Nobles conservent toujours cette qualité quoiqu'aliénés par le Seigneur sans jurisdiction ; la régle contraire introduite par la jurisprudence de la Cour des Aides, autorisa les Seigneurs à demander cette espéce de dédomagement ; le premier titre qui le leur ait accordé, est l'Arrêt du Parlement de Paris du 6. de Mars 1549., rapporté par

K

Papon liv. 5. tit. 11. Il fut ordonné que provisoirement les Seigneurs féodataires payeroient la taille des fonds roturiers, à moins qu'ils ne prouvassent avoir delaissés entre les mains des Roturiers des biens d'une égale valeur à ceux qu'ils avoient acquis ; voilà quelle a été l'origine du droit de compensation.

Cet Arrêt de 1549., n'étoit que provisoire. Mais celui du 15. de Décembre 1556., confirma définitivement le droit de compensation. Il fut supprimé par un Arrêt du Conseil du 23. de Juin 1666., rétabli par un autre Arrêt du Conseil du 15. de Juin 1668.; enfin il a été expressément confirmé par un troisiéme Arrêt du Conseil du 3. de Février 1702., qui contient un réglément sur cette matière. Maintient Sa Majesté, y est-il dit, lesdits Seigneurs féodataires au droit de compenser les biens roturiers par eux acquis par achat, donation, prélation ou échange depuis le 15. de Décembre 1556., & qu'ils acquereront ci-après, avec les biens Nobles par eux aliénés depuis ledit tems, ou qu'ils aliéneront à l'avenir ; le tout dans l'étenduë de leurs fiefs & jurisdictions.

XXX.

La compensation des biens Nobles aliénés ne se fait pas *ipso jure* ; mais en vertu d'une demande faite par exploit, contenant les situations, confronts & allivremens, tant des biens roturiers acquis, que des biens Nobles aliénés, le nom des Possesseurs & le tems de l'aliénation.

Arrêt du 7. de Février 1702. En prescrivant ces formalités il décide que la compensation en cas qu'elle ait lieu, sera faite du jour des demandes libellées.

XXXI.

La demande en compensation doit être signifiée aux Procureurs du Pays dans quinzaine au plûtard, à compter du jour des significations qui en auront été faites aux Communautés, à peine de la nullité de la demande.

Même Arrêt du 7. de Février 1702., il exige la signification au Sindic des Communautés de la Province ; mais depuis que cet emploi de Sindic a été supprimé, c'est aux Procureurs du Pays que la demande doit être signifiée.

XXXII.

Les compensations faites avant cette époque du 7. de Février 1702., sont valables & légitimes, quoiqu'on n'y eut pas observé les formalités que l'Arrêt du Conseil prescrit comme indispensables.

Il a été jugé par plusieurs Arrêts, & entr'autres par un du 10. de Mai 1731., rendu en faveur du sieur d'Auribeau. Un autre du 10. de Juin 1711. en faveur du Seigneur de Gaubert, celui qui fut obtenu le 18. de Juin 1731. par le Seigneur de Tourris contre les Communautés de la Valette & du Revest ; un autre en Juin 1746. entre le Seigneur & la Communauté du Bar, que la disposition de l'Arrêt du Conseil du 7. de Février 1702. concernant les formalités, n'avoit pas un effet rétroactif.

XXXIII.

Les Seigneurs ne peuvent donner en compensation, l'extinction ou diminution des Droits Seigneuriaux, non plus que les usages concédés aux Habitans par eux ou leurs Auteurs dans les bois, terres gastes, montagnes & autres lieux dépendans de leurs fiefs.

Même Arrêt du 7. de Février 1702. Il est de l'essence

de la compensation qu'elle soit faite de fonds à fonds.

XXXIV.

Les Seigneurs peuvent donner en compensation les terres gastes, bois ou domaines par eux ou leurs Auteurs délaissés aux Communautés, & les usurpations qui y ont été faites, si ces terres, bois & domaines se trouvent entre les mains des Particuliers & encadastrés.

Même Arrêt du 7. de Février 1702., la prescription qui assure la possession du terrain usurpé, équivaut à un titre par lequel le Seigneur l'eût aliéné suivant la décision de la Loi. *Alienationis ff. de verbor. signif.* il suffit que le cadastre de la Communauté ait été grossi d'un bien Noble originairement.

Comme la disposition de l'Arrêt du Conseil du 7. de Février 1702., au sujet des usurpations faites dans les terres gastes, est ambiguë, & que je l'ai vûë plus d'une fois donner lieu à des contestations, j'ai crû qu'il étoit nécessaire d'entrer à ce sujet dans un certain détail. L'on y trouvera l'explication de la clause dont il s'agit, donnée par un fameux Arrêt de la Cour des Aides, & adoptée par un Arrêt du Conseil.

La disposition de l'Arrêt de 1702., est ainsi concuë. *Les Seigneurs féodataires ne pourront donner en compensation, les terres gastes, bois ou domaines par eux, ou leurs Auteurs delaissés aux Communautés, à moins que lesdites terres, bois & domaines ne se trouvent entre les mains des Particuliers & encadastrés, ni les usurpations faites dans lesdites bois & domaines, à moins que la réünion à leur profit, n'en ait été ordonné par justice.*

Ce sont ces dernières expressions qui ont donné lieu à des doutes. La réünion au fief ordonnée par justice, semble supposer que la prescription n'a pas encore été consommée en faveur de l'Emphitéote; & dans ce cas, il ne peut en aucun sens être question de compensation, parce que le Seigneur ayant repris le terrain usurpé, il doit sans contredit le posséder, comme n'ayant jamais cessé de lui appartenir, & il ne peut par conséquent fournir matière de compensation ; si au contraire la prescription est consommée, il n'est pas possible que le Seigneur puisse faire ordonner la réünion.

Dans un Procès entre Mr. le Marquis de Montauroux Conseiller au Parlement d'Aix, & la Communauté du même lieu, la question fut agitée, & jugée en faveur du Seigneur par Arrêt du 18. de Juin 1717. ; c'est-à-dire, qu'on décida qu'il n'étoit pas nécessaire que la réünion au fief eût été ordonnée. *Faisant droit*, est-il dit dans l'Arrêt, *à la requête dudit Lombard, & à l'état par lui communiqué, a déclaré & déclare que les 54. nouveaux Baux mentionnés audit état, & les biens usurpés en la terre gaste depuis le 15. de Décembre 1556., seront compensés avec les biens roturiers avoüés par ledit de Lombard dans la transaction du 6. de Février 1674., & autres que la Communauté justifiera par Actes, suivant la vérification, & liquidation qui en sera faite par Experts qui seront convenus par les Parties, ou pris d'office par le Commissaire Rapporteur du présent Arrêt, lesquels Experts procéderont à l'évaluation des biens Nobles aliénés, & des biens roturiers acquis par ledit de Lombard, & en feront proportionnelle compensation, pour le rapport vû être ordonné sur la demande des tailles, s'il y échoit, ce qu'il appartiendra .... a ordonné & ordonne que les usurpations faites dans les terres incultes & gastes de la colle de Narbonne depuis le 15. de Décembre 1556., seront compensées avec les biens roturiers dudit de Lombard suivant la vérification & liquidation qui en sera faite par Experts ; à cet effet enjoint aux Consuls & Communauté de remettre à leur Greffier les Cadastres faits depuis le 15. de Décembre 1556., pour être visités par les Experts, & pris par iceux les instructions nécessaires, au sujet des usurpations ; & qu'ils feront exhiber pareillement par ledit Greffier audit de Lombard, pour en prendre si besoin est des Extraits, sous dû salaire.*

La Communauté de Montauroux demanda la cassation de cet Arrêt qui contient plusieurs antres dispositions ; & dénonça celle-ci comme renfermant une contravention à l'Arrêt du Conseil du 7. de Février 1702. Voici comment elle fut justifiée par les motifs donnés par Mr. le Procureur-Général.

» Il n'y a qu'à expliquer ce qui a été décidé par l'Ar-
» rêt du Conseil de 1702. sur cette matière, pour être
» persuadé que l'Arrêt dont il s'agit, s'y est parfaitement
» conformé. 1° C'est une erreur de croire que la pro-
» priété des terres gastes n'appartienne pas aux Seigneurs
» qui sont fondés en directe universelle, & sur-tout lors-
» que les Communautés ne justifient pas d'avoir acquis
» cette propriété. 2°. L'Arrêt de la Cour des Aydes,
» n'a pas ordonné la compensation des usages & des com-
» munaux, mais seulement des portions de la terre gaste
» qui ont cessé d'être des communaux par les usurpations qui
» en ont été faites de la part des Particuliers, & qui
» ayant grossi les Cadastres des Communautés, & privé
» pour toujours les Seigneurs de la propriété, sont deve-
» nus par-là un sujet de compensation. 3°. L'Arrêt
» ajugé avec grande connoissance de cause qu'il suffiroit
» qu'il fut vérifié par Experts de la contenance usurpée
» dans les terres gastes par les Particuliers du lieu, &
» que la Communauté en eût augmenté son Cadastre,
» pour que la compensation fût ordonnée au profit du
» Seigneur ; car l'Usurpateur ne doit pas être traité plus
» favorablement que celui qui, à juste titre, a acquis de
» la main du Seigneur un bien Noble après l'époque de
» 1556. 4°. Si le Seigneur vouloit faire réünir à son do-
» maine, les biens usurpés dans la terre gaste, ce seroit-
» là le cas qu'il faudroit en demander la réunion en jus-
» tice contre les Usurpateurs suivant l'Arrêt du Conseil ;
» mais dès qu'il les laisse jouir paisiblement de leurs usur-
» pations, comme s'ils en avoient un titre légitime, &
» que la Communauté en profite par l'encadastrement ;
» il faut bien de l'autre part que le Seigneur en soit indemni-
» sé, en lui affranchissant pareille valeur de ses biens ro-
» turiers. On a crû que c'étoit là le vrai sens qu'il fal-
» loit donner à l'Arrêt du Conseil, vû qu'il seroit en
» effet extraordinaire de prétendre que les Seigneurs féo-
» dataires de la Province, fussent obligés d'avoir des Pro-
» cés avec leurs Vassaux Usurpateurs de partie de leur
» terre gaste, pour faire déclarer avec eux la réunion à
» leur fief, tandis que la seule possession de 30. ans les
» mettroit à couvert de les pouvoir inquiéter ; mais cela
» ne peut pas de même les rendre non-recevables à | com-
» penser les biens usurpés depuis l'Arrêt du 15. de Décem-
» bre 1556., puisque l'Arrêt du Conseil du 7. de Février

1702., déclare dans le premier Article que tous les » biens Nobles aliénés par les Seigneurs féodataires de la » Province depuis 1556., devoient être matière de com- » pensation, avec les biens ruraux qu'ils ont acquis de- » puis le même tems ; en quoi il n'y a aucune contra- » vention à l'Arrêt du Conseil. »

Par un Arrêt du 20. de Juillet 1729., rendu entre le Seigneur & la Communauté d'Ongles, il fut ordonné que les nouveaux Baux donnés par le Seigneur de la terre gaste depuis le 15. de Décembre 1556., seroient compensés avec les biens roturiers acquis depuis le même tems; ensemble les usurpations qu'il justifiéroit avoir été faites dans ladite terre gaste qui lui appartenoit, lesquelles auroient été encadastrées & possedées par les Particuliers depuis 30. ans, à l'exception de celles qui étoient en des lieux stériles qui seroient remises en terres gastes.

Par un autre Arrêt du 8. de Mai 1752., il fut permis au Seigneur de Neoules de donner en compensation les usurpations faites dans la terre gaste.

XXXV.

Les biens aliénés avant le 15. de Décembre 1556., ne peuvent pas être donnés en compensation, sous prétexte qu'ils n'ont été encadastrés qu'après cette même époque.

Ainsi jugé par Arrêt du 6. d'Avril 1748. entre le Seigneur & la Communauté de Tretz.

Les Procureurs du Pays, & les Sindics de la Noblesse, étoient intervenus dans le Procès, de-sorte que cet Arrêt forme un réglement.

Le contraire avoit été jugé par un Arrêt de 1744. en faveur du Seigneur de Trigance; Mrs. De-Cormis, Saurin Fils & Pazeri de Thorame consultant pour la Communauté de Peynier, avoient décidé aussi que cette compensation devoit être admise.

XXXVI.

La prescription n'a pas lieu à l'égard de la compensation, le Seigneur est toujours à tems de la faire admettre.

L'Arrêt du Conseil du 15. de Juin 1668., n'accordoit aux Seigneurs que le délai de 5. ans, pour demander la compensation, à compter du jour qu'il y avoit eu le concours des acquisitions & aliénations nécessaires pour la former; mais cela n'est plus observé; l'Arrêt du 7. de Février 1702., ne parlant point de délai.

XXXVII.

Le Seigneur qui après avoir aliéné un fond Noble, l'a ensuite repris par achat, donation, échange ou tout autre titre qui laisse subsister la roture, peut effacer la taillabilité par la compensation de la chose avec la chose elle-même.

Ainsi jugé par Arrêt du 15. de Mai 1702. en faveur du sieur Athenoux Cosseigneur de Roquebrune.

Autre Arrêt du mois de Juin 1746. en faveur du Seigneur du Bar.

XXXVIII.

Les fonds roturiers que le Seigneur affranchit du payement des tailles par la compensation, ne peuvent pas servir enx-mêmes de matière à la compensation après l'aliénation qui en a été faite.

Mourgues pag. 359.

Il n'y a que les biens Nobles qui puissent être donnés en compensation. L'affranchissement des biens roturiers par la compensation, ne les rend pas Nobles.

XXXIX.

L'estimation des biens donnés, ou pris par les Seigneurs en compensation, doit être faite sur le pied de leur valeur au tems de la compensation.

Arrêt du Conseil du 7. de Février 1702.

L'ancienne jurisprudence étoit conforme. Arrêt du 27. de Juin 1633. entre les Cosseigneurs de Vence & la Communauté.

Autre Arrêt du 10. d'Octobre 1670. entre le Seigneur & la Communauté de Lagarde, rapporté par Boniface tom. 4. liv. 3. tit. 13. ch. 4.

Ce n'est pas à la valeur des fonds au tems où la compensation a été ordonnée que l'on s'arrête ; mais à celle qu'ils ont, lorsque les Experts procédent à la compensation. Ainsi jugé le 30. d'Août 1712. par des Commissaires délégués, entre le Seigneur & la Communauté de Corbières.

XL.

Les fonds Nobles aliénés que le Seigneur donne en compensation, doivent être stables, permanens & non sujets à être emportés par une rivière.

Arrêt du 10. de Juin 1711. entre le Seigneur & la Communauté de Gaubert. Il fut ordonné qu'avant dire droit à l'encadastrement & compensation demandée par le Seigneur des fonds par lui donnés à nouveau bail dans les *iscles* près de la rivière de Bleoune, il seroit fait rapport de vérification, si lesdits fonds étoient stables.

XLI.

Les fonds donnés en compensation, sont tenus porter mêmes charges, qu'auroient dû porter les biens roturiers acquis par le Seigneur, dont il demeure garant pendant 10. ans à compter du jour que la compensation est ordonnée, les cas fortuits ou de force majeure exceptés.

Arrêt du Conseil du 7. de Février 1702.

L'Arrêt du 15. de Décembre 1556. avoit seulement exigé, que lorsqu'on procédoit à la compensation, les fonds donnés par le Seigneur fussent tenus suffisans pour porter mêmes tailles que les roturiers, & il n'étoit pas question de garantie pour l'avenir. En effet cet assujettissement paroit rigoureux, il y a *æquilibrium periculi*; le fonds roturier affranchi par la compensation, étant, ainsi que le fonds Noble aliéné, sujet à des détériorations.

L'Arrêt du 15. de Juin 1668. en rétablissant le droit de compensation, avoit exigé, que le fonds Noble donné en compensation, eût resté sur le cadastre pendant cinq ans, ou qu'il eut pû porter la taille pendant ce même espace de tems.

XLI.

Si le Seigneur reprend dans les 30. ans, à compter du jour de la compensation, par déguerpissement ou compensation, les fonds qu'il avoit donnés en compensation, il ne peut pas les posséder en Nobilité.

Arrêt du 7. de Février 1702.

Cette disposition eut pour objet de faire cesser les abus dont les Procureurs du Pays se plaignoient; les Seigneurs, disoient-ils dans leur Mémoire présenté au Conseil, donnent à nouveau bail de leurs plus mauvais biens à quelques personnes à eux affidées pour qui, sous main ils payent la taille cinq ans durant, & après qu'ils ont affranchi du meilleur bien roturier avec ce nouveau bail simulé, le bien Noble leur est déguerpi.

XLIII.

Les biens acquis immédiatement de l'Eglise, & ceux qui l'ont été des Communautés pour cause de département en franchise de tailles, aliénés ensuite par le Seigneur, ne peuvent pas être donnés en compensation.

L'Arrêt rendu par la Cour des Aides de Montpellier entre le Seigneur & la Communauté de la Garde, & rapporté par Boniface tom. 4. liv. 3. tit. 13. ch. 4., jugea que les biens acquis de l'Eglise en franchise de tailles, pouvoient être donnés en compensation.

Il y a un autre Arrêt du 1. de Janvier 1616. en faveur des Celestins d'Avignon contre la Communauté de Noves. Mais le Jugement rendu par des Commissaires délégués le 14. d'Août 1704. entre le Seigneur & la Communauté de la Verdiere, rejetta une pareille compensation; il fut décidé que les biens acquis immédiatement du Prieur, seroient francs de tailles par rapport à ce que le Seigneur en possédoit encore, & roturiers & taillables par tout ce qu'il en avoit repris après ses aliénations, *sans que ni les uns ni les autres pussent jamais servir de matière de compensation.*

Ces biens ne sont pas Nobles, non plus que ceux que les Communautés transportent avec franchise de tailles. Or le droit de compensation n'a été accordé que pour les biens Nobles.

XLIV.

Le Cosseigneur peut affranchir par la compensation les biens roturiers possédés par lui sous la mouvance & directe d'un autre Cosseigneur.

Mourgues pag. 360. rapporte deux anciens Arrêts qui avoient rejetté une pareille compensation, & pour justifier cette décision, l'on pourroit ce semble, citer même l'Arrêt du Conseil du 7. de Février 1702., qui n'accorde aux Seigneurs la compensation que pour les biens roturiers acquis, & les biens Nobles aliénés *dans l'étenduë de leur Fief & Jurisdiction.* Mais quoiqu'il s'agisse de biens mouvans de la directe d'un autre Cosseigneur, ils n'en sont pas moins dans le Fief & jurisdiction; dont l'unité subsiste malgrè la division qui a été faite entre plusieurs Propriétaires; il n'y a qu'un Fief & une jurisdiction. On ne doute plus aujourd'hui que cette espèce de compensation ne doive être admise. Un Arrêt du 30. de Juin 1658. entre le sieur Marquet Cosseigneur de Ramatuelle & la Communauté du même lieu, a été suivi de deux autres qui ont dû fixer la maxime, l'un du 26. de Juin 1729., & l'autre du 29. de Juin 1741.

XLV.

Le Seigneur d'un Fief enclavé dans un district, qui après avoir formé un seul & même terroir, a été divisé entre deux Communautés, peut donner en compensation à l'une de ces deux Communautés, les biens Nobles aliénés dans le terroir assigné à l'autre.

Ainsi jugé par Arrêt du 18. de Juin 1731. entre le Seigneur de Tourris & les Communautés de la Valette & du Revest.

XLVI.

Le droit de compenſation peut être cédé par un Coſſeigneur à l'autre.

De-Cormis tom. 2. col. 1763. Duperier & Mourgues l'avoient décidé de même contre la Communauté de Greoulx qui diſputoit au Poſſeſſeur de l'Arrière-Fief de Lineau, le droit de compenſer juſqu'à la concurrence de 2300. liv. en vertu d'une tranſaction.

XLVII.

Le ſol des maiſons ne peut être donné en compenſation qu'avec un bien de même qualité, & dans les lieux où le ſol des maiſons eſt encadaſtré. Si les maiſons ou bâtimens ſont encadaſtrés, la même régle eſt obſervée.

Arrêt du Conſeil du 7. de Février 1702.

XLVIII.

Le Seigneur peut donner en compenſation le terrain uſurpé dans les chemins, & autres lieux deſtinés à l'uſage du Public, ſi ce même terrain ſe trouve encadaſtré.

Arrêt du 18. de Juin 1726. en faveur du Seigneur de St. Ceſaire.

XLIX.

Le fonds Noble où a été conſtruit un chemin public, peut être donné en compenſation.

Ainſi jugé en faveur du Seigneur d'Ampus par Arrêt du mois de Juin 1753.

Cette déciſion eſt fondée ſur cette conſideration, que ſi le chemin eût été pris ſur un fonds roturier, le cadaſtre auroit été diminué d'autant.

L.

Les Seigneurs des terres inhabitées, qui n'ont été affoüagées qu'après 1556., poſſédent en Nobilité les biens qu'ils avoient lors de l'affoüagement. Mais ils ne peuvent donner en compenſation que les biens Nobles aliénés depuis ce même affoüagement.

Ainſi jugé par une Sentence arbitrale du 19. de Décembre 1733., renduë par Mrs. Saurin & de Colla entre le Seigneur & la Communauté de Tholonet.

Arrêt du mois de Février 1742. en faveur des Coſſeigneurs d'Eſclapon.

L I.

Les tranſactions par leſquelles on a accordé aux Seigneurs des compenſations en bloc, à concurrence d'une certaine ſomme, ſont nulles.

Arrêt du 8. de Mai 1752. en faveur de la Communauté de Neoules. Une tranſaction paſſée en 1665., & par laquelle on avoit affranchi par compenſation des biens roturiers, à concurrence d'un allivrement de 100. florins, fut caſſée. Il y avoit eu un Arrêt en 1705., par lequel on avoit fait dépendre la caſſation de cet Acte de la vérification de l'état des compenſations que le Seigneur auroit pû demander.

Mais s'il eſt juſtifié par la tranſaction même qu'on

avoit procédé tractativement à la liquidation des compensations, & qu'il fut question d'un Acte passé avant l'Arrêt du Conseil du 7. de Février 1702., qui a prescrit des formalités pour l'avenir, la demande en cassation doit être rejettée. Ainsi jugé par Arrêt du 10. de Juin 1711. en faveur du Seigneur de Gaubert; & par un autre Arrêt du 10. de Mai 1731. contre la Communauté d'Auribeau.

LII.

Le refus d'accepter la compensation autorisoit autrefois le Seigneur à demander que la compensation fut censée admise du jour de l'offre. Aujourd'hui il n'y a que la demande libellée qui puisse constituer la Communauté en demeure.

C'est la différence qu'il y a à cet égard entre l'Arrêt du Conseil du 15. de Juin 1668., & l'Arrêt du 7. de Février 1702.

LIII.

Les Communautés sont obligées de représenter leurs cadastres, lorsqu'il s'agit de procéder à la vérification ou application des compensations.

Arrêt du 23. d'Avril 1706. contre la Communauté de St. Cesaire.

Autre Arrêt du 8. de Juillet 1724., rendu par la Cour des Aides de Montpellier en faveur du Seigneur de Collobrières. Autre Arrêt du 18. de Juin 1717. en faveur du Seigneur de Montauroux.

Même Arrêt du 26. de Juin 1724. contre la Communauté du Puget de Roustan.

L'Arrêt du 18. de Juin 1731., obtenu par le sieur de Tourris, renferme une semblable disposition.

LIV.

Les Lieutenans de Sénéchaux ne peuvent pas connoître des demandes en compensation.

Les Arrêts du Conseil du 26. d'Avril 1687., & 18. de Janvier 1690., attribuent la connoissance des tailles en première instance aux Lieutenans des Sénéchaux. Mais cette compétance n'a lieu que pour ce qui a trait à l'exécution des Etats & Casarnets. Mais lorsqu'il s'agit de cassation d'encadastrement, compensations, recours du cadastre, affranchissement de tailles, il n'y a que la Cour des Aides qui puisse en connoître.

Par le dernier Arrêt cité sur l'article précédent, une Sentence du Lieutenant de Sénéchal de Toulon qui avoit debouté le sieur de Tourris d'une opposition au commandement de payer la taille, sur le fondement des compensations, fut cassée par nullité & incompétance.

LV.

Le Seigneur peut affranchir ses biens rotutiers du payement des tailles négotiales imposées pour la seule commodité des Habitans ; mais non pas de celles qui concernent l'utilité des fonds.

C'est ici une espèce de tailles différentes de celles qui sont destinées au payement des impositions pour les deniers du Roi & du Pays. L'exemption des tailles négotiales concernant la seule commodité des Habitans, formoit originairement un privilège commun aux Seigneurs & aux Forains ou possédans biens domiciliés ailleurs ; & c'est même cette qualité de Forains qui a donné la denomination au Droit Seigneurial dont il est question. Ces possédans biens étant obligés de payer dans le lieu de leur domicile semblables impositions qui avoient pour objet la seule commodité des Habitans, il avoit paru juste de les en affranchir dans le lieu de la situation des biens. Mais ce ce privilège qui avoit donné lieu à un nombre infini de procés, fut absolument supprimé par un Arrêt du conseil du 23. de Juin 1666.; il fut rétabli seulement en faveur des Seigneurs par l'Arrêt du 15. de Juin 1668., & confirmé par celui du 7. de Février 1702.

L V I.

Cette exemption n'est acquise au Seigneur qu'autant qu'il la réclame, & n'a lieu que du jour qu'il déclare à la Communauté qu'il prétend en joüir.

L'ancienne jurisprudence n'exigeoit pas cette déclaration, mais aujourd'hui elle est absolument nécessaire; un des premiers Arrêts, qui l'ayent exigée, est celui du 19. de Décembre 1633. entre le Seigneur & la Communauté de Barreme.

L V I I.

Le Seigneur ou Cosseigneur qui n'a pas au moins la moitié de la jurisdiction, ne peut pas avoir la qualité de Forain, à l'effet de joüir des avantages qui y sont attachés.

L'Arrêt du Conseil du 7. de Février 1702., a prescrit cette condition de la moitié de la jurisdiction, pour faire cesser les abus dont le tiers état se plaignoit.

L V I I I.

En optant pour la qualité de Forain, le Seigneur renonce à la participation du produit des domaines appartenans à la Communauté, qui employant ces revenus à acquitter les charges concernant la commodité des Habitans, y supplée, lorsqu'ils ne suffisent pas par des impositions particulières.

Le Seigneur ne peut pas après qu'il a fait sa déclaration, se formaliser de la destination des revenus communaux, ni pretendre qu'ils doivent être employés au payement des impositions faites par les deniers du Roi & du Pays, ou à acquitter les charges qui concernent l'utilité des fonds. Ainsi jugé entre le Seigneur & la Communauté de Peyroles en 1716. par un avis arbitral de Mes. Berge & Pazeri de Thorame.

LIX.

Les charges concernant la seule commodité des Habitans, sont les gages de Maître d'école, Chirurgien, Accoucheuses, Gardes en tems de peste, entretien des horloges publiques, cloches, réparations des Eglises, rétributions payées aux Prédicateurs, fraix des Gardes des portes, excepté en tems de guerre, réparation des fontaines, ponts & chemins, fraix des procés concernans les libertés, facultés & privilèges personnels des Habitans, & les fastigages des Gens de guerre, consistant aux meubles, bois, huile & chandelles qui leur sont fournies.

Ce sont-là les charges énoncées dans une Déclaration faite par l'Assemblée des Etats le 20. de Décembre 1617. en exécution d'un Arrêt du Conseil. Mais cette énumération n'est pas exclusive de toute autre charge. Ainsi les différens Arrêts rendus en cette matière, ont ajouté & expliqué, comme on le verra dans les articles suivans.

L X.

Les fraix municipaux, comme gages des Consuls, Greffiers, Valets de Villes, du Sonneur des cloches, les dépenses que la Communauté est obligée de faire pour le logement des Gens de guerre, les contributions faites par la Communauté à d'autres Communautés pour la subsistance & payement des Troupes, les fraix de feu de joye, des présens qui peuvent être faits par la Communauté, des voyages pour rendre visite au Seigneur, des baux à ferme passés par la Communauté, des enchéres, les réparations de la maison Curiale, de la maison commune ou Hôtel de Ville, des remparts, les gages ou appointemens du Trésorier, les dettes de la Communauté contractées pour toute autre cause que pour l'utilité des fonds, les sommes qui sont payées annuellement, & par forme d'abonnement pour les droits d'albergue & de cavalcade, les fraix des Procés contre le Seigneur.

On trouve ce détail dans plusieurs Arrêts & entre autres dans celui qui fut rendu par la Cour des Aides de Montpellier le 12. de Janvier 1675. entre le Seigneur & la Communauté de Gemenos, rapporté par Boniface tom. 5. liv. 6. tit. 4. ch. 2.; il faut y joindre celui qui est rapporté par De-Cormis tom. 1. col. 861., & qui intervint entre le Seigneur & la Communauté de Tourtour; un autre du 12. de Juin 1716. entre le même Seigneur & la même Communauté.

LXI.

L'exemption de la contribution aux ponts & chemins, ne doit être entenduë que des ponts & chemins particuliers à la Communauté, & non pas de ceux dont la Viguérie, ou la Province doivent faire les fraix.

Ainſi décidé en arbitrage par Mes. Saurin & Pazeri de Thorame le 30. de Novembre 1739. entre le Seigneur & la Communauté de Château-Arnoux.

LXII.

L'abreuvoir pour le bêtail, & ſon entretien ne ſont pas mis au rang des charges concernant la ſeule commodité des Habitans. Mais l'entretien du baſſin de la fontaine publique, n'en eſt pas moins une de ces charges, quoique l'on y abreuve le bêtail.

La raiſon eſt que la fontaine & ſon baſſin ont été faits *principaliter* pour l'uſage & commodité des Habitans; cela fut ainſi décidé dans le même arbitrage entre le Seigneur & la Communauté de Château-Arnoux, & par un Jugement rendu en dernier reſſort par des Commiſſaires délégués dans le mois de Juillet 1732. entre le Seigneur & la Communauté de Volonne.

LXIII.

Les charges auxquelles le Seigneur eſt contribuable, ſont tout ce qui eſt impoſé par la Province pour les deniers du Roi & du Pays,

Taille Royale, taillon, traités, abonnemens faits en Corps de Province, foüage, ſubſide, frais de lettres générales de contrainte, gages du Tréſorier, fraix de l'audition, & cloture du Compte, le denier pour livre de la comptabilité, attribué à la Chambre des Comptes, extraits du compte, droit *de visâ* attribué au Greffe de la Subdélégation de l'Intendance, fraix de cadaſtres & recours, gages du Garde-Terre, dépenſes faites par la Communauté pour la vérification de ſes dettes, fraix des Procés concernant l'utilité des fonds, gages du Maréchal à forge ; le prix des Offices réünis à la Communauté, concernant auſſi l'utilité des fonds ; les dettes paſſives contractées pour cette même utilité.

Ce détail eſt copié d'après pluſieurs Arrêts.

LXIV.

Le Seigneur joüiſſant du droit de Forain, doit auſſi contribuer au payement de la penſion féodale, à laquelle la Communauté eſt ſoumiſe envers lui.

Ainſi jugé par les Commiſſaires délégués, entre le Seigneur & la Communauté de Volonne en 1732 ; & par l'Arrêt du 13. de Juin 1716. entre le Seigneur & la Communauté de Tourtour. Les penſions féodales ſont repréſentatives des Droits Seigneuriaux abonnés ou éteints qui étoient des droits réels impoſés ſur les fonds. Ainſi l'abonnement concerne l'utilité des fonds, & non la ſimple commodité des Habitans.

LXV.

Le Seigneur doit aussi contribuer à toutes les dépenses faites à l'occasion de la guerre en quelque manière, & en quelque espèce qu'elles ayent été faites, soit en blé, farine, avoine, paille, chevaux pour la poste, fraix de paquets, chevaux & mulets pour porter les équipages des troupes, & tout ce qui peut avoir été fourni, tant aux Ennemis de l'Etat, lorsqu'ils ont pénétré dans la Province, que pour les troupes de France. Mais il participe au produit des rescriptions & indemnités que la Communauté reçoit à l'occasion de ces mêmes dépenses.

Ainsi jugé par Arrêt du 6. de Juin 1753. entre le sieur de Chailan de Moriés & la Communauté du même lieu de Moriés.

Il y a trois Arrêts contraires en faveur des Seigneurs de Tourtour, de Ramatuelle & d'Oraison qui avoient jugé que le Seigneur n'étoit pas soumis à contribuer à ces dépenses dont la Communauté recevoit le remboursement de la part du Roi ou du Pays. Mais ces Arrêts ne furent d'aucun secours au Seigneur de Moriés ; & la Cour des Aides s'étant proposée de faire un Réglement, avoit ordonné par un premier Arrêt que les Procureurs du Pays seroient appellés dans l'instance ; la question ayant été amplement discutée, l'on crut que la circonstance du remboursement étoit indifférente, & que ces dépenses concernant l'utilité des fonds, le Seigneur devoit être soumis à y contribuer en participant au produit de ce même remboursement.

Il faut convenir que ces sortes de variations dans une jurisprudence qui a pour objet une matière aussi importante, devroient servir d'excuse à ceux qui regardent la plûpart de ces questions comme problématiques.

LXVI.

Le Seigneur à qui la Communauté a fait payer les tailles négotiales qu'il ne devoit pas, répétant ce payement *condictione indebiti*, peut prétendre les intérêts au-delà du double.

Il y a plusieurs Arrêts qui ont soumis les Communautés à cette restitution. Quant aux intérêts au-delà du double, il fut décidé par l'avis arbitral de Mes. Saurin & Pazeri de Thorame cité di-dessus art. LXI. qu'ils étoient dûs.

LXVII.

Il est défendu d'accorder des surséances au payement des tailles dûës par les Seigneurs, sous prétexte de compensation, ou d'exemption de tailles négotiales, jusqu'au Jugement définitif de leurs prétentions.

Arrêt du Conseil du 7. de Février 1702., mais la régle a une exception.

Motifs du Procureur-Général de la Cour des Comptes de l'Arrêt du 18. Juin 1717., rendu entre le Seigneur & la Communauté de Montauroux.

La Communauté attaque encore le 5e. chef de l'Arrêt qu'elle prétend être contraire à celui du Conseil du 7. de Février 1702., qui défend à la Cour des Aydes de Provence d'accorder aucunes surséances de la taille courante sous prétexte de compensation.

Sur quoi le Conseil observera, s'il lui plait, que si un Seigneur de Fief forme lui-même une instance en compensation contre sa Communauté pour joüir par-là de la franchise des tailles pendant la durée même des Procés, c'est-là le cas où l'Arrêt du conseil ne veut point qu'on accorde aucune surséance. Mais lorsqu'un Seigneur est en possession de la compensation des biens Nobles alienés avec les roturiers acquis, que cette compensation lui a été accordée pour une certaine quantité de livres cadastrales, la récision qu'impétre la communauté contre une pareille transaction, n'en empêche pas l'exécution, & sur-tout lorsque le Seigneur justifie, comme en ce fait, que sa compensation est juste, & que par le rapport elle sera même déclarée plus forte que celle qui lui auroit été accordée par la communauté. Aussi celle-ci ayant formé devant la cour des Aydes un incident à l'Audiance, pour obliger le sieur de Montauroux à payer la taille des biens affranchis par la même transaction, l'incident fut joint au principal, en sorte que par l'événement la compensation demandée par le Seigneur ayant été trouvée juste, & conforme à la maxime qui s'observe en Provence, par quelle raison & sur quel fondement auroit-on pû l'obliger à payer la taille courante, tandis que ce même Arrêt l'en exempte, de même, que de toutes celles à venir, & cette plainte est d'autant plus injuste, que le même Arrêt porte, que si après la compensation faite & consommée par un rapport, le sieur de Montauroux se trouve Débiteur de quelques arrérages, il y est condamné avec intérêts, ce qui ne sçauroit être, ni plus régulier, ni plus juste.

LXVIII.

Les Seigneurs ne payent la dîme pour leurs biens Nobles qu'à raison d'un 20e., à moins qu'il n'y ait titre ou possession contraire en faveur du Décimateur ; & les Fermiers de ces mêmes biens joüissent de ce privilège.

Les Seigneurs avoient prétendu devoir la payer au même taux pour leurs biens roturiers. Par Arrêt du Parlement de Toulouse du 26. d'Août 1616., il fut ordonné qu'il seroit enquis d'Office particulier, s'ils la payoient pour les biens roturiers à raison du 13e. ou d'un 20e., & que cependant ils la payeroient au 13e. Cette provision passa en définitive, après 30. ans. De sorte que les Seigneurs n'ont continué de joüir du privilège de ne payer la dîme à raison d'un 20e. que pour leurs biens Nobles ; & à l'égard des biens roturiers, ils la payent comme tous les autres possédans biens.

Bomi dans son recueïl de coutûmes ch. 18. Boniface tom. 4. liv. 3. tit. 5. ch. 1. De-Cormis tom. 1. col. 517, où il rapporte les Arrêts qui avoient aussi ordonné par provision le payement de la dîme pour les biens Nobles à raison du 20e. ; & il ajoute que le payement fait pendant 30. ans à un taux plus considérable, ne permet pas au Seigneur de réclamer le privilège.

Bomi & Boniface *loc. cit.*, rapportent deux Arrêts en faveur des Fermiers des biens Nobles.

LXIX.

Les biens sur lesquels le Seigneur a appliqué la compensation de ses biens Nobles aliénés, joüissent du privilège concernant le payement de la dîme.

Arrêt du 22. de Mai 1726. Mr. de Jouques Rapporteur. De-Cormis tom. 1. col 518. Le profit que le Décimateur reçoit de l'alienation des biens Nobles qui deviennent sujets au payement à un taux plus considérable, compense le préjudice de la diminution sur les biens roturiers acquis par le Seigneur.

LXX.

Les biens Nobles sont affranchis de la compascuité établie parmi les Habitaus & possédans biens.

Arrêt du 3. de Juin 1684. entre le Seigneur & la Communauté de Calian, rapporté par Boniface tom. 4. liv. 3. tit. 1. ch. 4.

Autre Arrêt du 9. de Juin 1730. en faveur du Seigneur de Fos-Amphoux.

LXXI.

Les biens roturiers acquis par le Seigneur, & qui par la compensation, lui tiennent lieu des biens Nobles aliénés, jouissent aussi de ce privilège de l'exemption de la compascuité.

Même Arrêt du 30. de Juin 1684. cité ci-dessus, n. LXVIII.

Fin de la première Partie.

www.ingramcontent.com/pod-product-compliance
Ingram Content Group UK Ltd.
Pitfield, Milton Keynes, MK11 3LW, UK
UKHW020253180726
13839UKWH00001B/309

9 782329 456904